Mitología Hindú

Una Guía Fascinante de Mitos Hindúes y de Dioses y Diosas Hindúes

© Copyright 2020

Todos los derechos reservados. Ninguna parte de este libro puede ser reproducida de ninguna forma sin el permiso escrito del autor. Los revisores pueden citar breves pasajes en las reseñas.

Descargo de responsabilidad: Ninguna parte de esta publicación puede ser reproducida o transmitida de ninguna forma o por ningún medio, mecánico o electrónico, incluyendo fotocopias o grabaciones, o por ningún sistema de almacenamiento y recuperación de información, o transmitida por correo electrónico sin permiso escrito del editor.

Si bien se ha hecho todo lo posible por verificar la información proporcionada en esta publicación, ni el autor ni el editor asumen responsabilidad alguna por los errores, omisiones o interpretaciones contrarias al tema aquí tratado.

Este libro es solo para fines de entretenimiento. Las opiniones expresadas son únicamente las del autor y no deben tomarse como instrucciones u órdenes de expertos. El lector es responsable de sus propias acciones.

La adhesión a todas las leyes y regulaciones aplicables, incluyendo las leyes internacionales, federales, estatales y locales que rigen la concesión de licencias profesionales, las prácticas comerciales, la publicidad y todos los demás aspectos de la realización de negocios en los EE. UU., Canadá, Reino Unido o cualquier otra jurisdicción es responsabilidad exclusiva del comprador o del lector.

Ni el autor ni el editor asumen responsabilidad alguna en nombre del comprador o lector de estos materiales. Cualquier desaire percibido de cualquier individuo u organización es puramente involuntario.

Índice

INTRODUCCIÓN: ENTENDER LA MITOLOGÍA HINDÚ 1
    Las Brumas de la Historia 1
    El Hinduismo Moderno: las Cuatro Ramas 2
    Textos sagrados: Shruti y Smrti 3
    Filosofía 3
    Mitos y leyendas 4
CAPÍTULO 1: EL SEÑOR BRAHMA, EL SEÑOR VISNÚ Y EL PRINCIPIO DEL MUNDO 5
CAPÍTULO 2: EL NACIMIENTO DEL SEÑOR SHIVA 7
CAPÍTULO 3: SARASVATI Y LA QUINTA CABEZA DE BRAHMA 10
CAPÍTULO 4: SHIVA PONE A PRUEBA A PARVATI 12
CAPÍTULO 5: SHIVA ATRAPA UNA BALLENA 16
CAPÍTULO 6: GANESHA PIERDE SU CABEZA 21
CAPÍTULO 7: GANESHA VIERTE UN RÍO 24
CAPÍTULO 8: EL ORGULLO DE KUBERA 27
CAPÍTULO 9: GANESHA HIERE A UNA DIOSA 30
CAPÍTULO 10: GANESHA GANA UNA CARRERA 32
CAPÍTULO 11: SHIVA ESQUIVA AL ÉXITO 35
CAPÍTULO 12: LAS DIEZ CABEZAS DE RAVANA 37

CAPÍTULO 13: EL NACIMIENTO DE RAMA 40
CAPÍTULO 14: EL SUEÑO DE URMILA 43
CAPÍTULO 15: EL CIERVO DEL ENGAÑO 46
CAPÍTULO 16: LA ANTORCHA DE HANUMAN 50
CAPÍTULO 17: SUVANNAMACHHA ROBA UN PUENTE 54
CAPÍTULO 18: HANUMAN MUEVE UNA MONTAÑA 57
CAPÍTULO 19: LA BATALLA FINAL 60
CAPÍTULO 20: LA PUREZA DE SITA 63
CAPÍTULO 21: KRISHNA ROBA MANTEQUILLA 66
CAPÍTULO 22: KRISHNA INTERCAMBIA JOYAS 69
CAPÍTULO 23: KRISHNA SE TRAGA LAS LLAMAS 71
CAPÍTULO 24: AGNI EXTIENDE UNA MALDICIÓN 73
CAPÍTULO 25: VAYU HUMILLA AL ÁRBOL DEL ALGODÓN 76
CAPÍTULO 26: SAVITRI ELIGE ESPOSO 79
CAPÍTULO 27: LA FIDELIDAD DE SAVITRI 82
CAPÍTULO 28: CHITRAGUPTA TOMA NOTA 85
CAPÍTULO 29: CENIZA A LAS CENIZAS 88
VEA MÁS LIBROS ESCRITOS POR MATT CLAYTON 90
BIBLIOGRAFÍA 91

Introducción: Entender la Mitología Hindú

A primera vista, la mitología hindú parece confusa. Los Dioses y los hombres pierden la cabeza (literalmente), aparecen bajo diversos nombres, y en ocasiones crean ríos con regaderas. Y eso, solo en un rincón de los Puranas.

Tenga en cuenta que la gente lleva generaciones escribiendo y debatiendo sobre estas historias y creencias. Es natural que le duela un poco el cerebro mientras intenta desentrañar todo este misterio. Imagínese que usted se encuentra en una reunión con la familia de su novio o novia tratando de averiguar qué relación tienen cada uno de ellos entre sí (o no, en algunos casos. Algunas personas simplemente se dejan caer por allí para comer un poco de pizza).

Las Brumas de la Historia

Según los arqueólogos y los antropólogos, el nacimiento del hinduismo tuvo lugar en el Valle del Indo cuando dos tribus indoeuropeas entremezclaron sus respectivos sistemas de creencias. Las dos tribus, los arios y los drávidas, combinaron sus prácticas y panteones, y de esta combinación (la cual se produjo a lo largo de varios miles de años) surgió el Trimurti, la sagrada trinidad de Dioses hindúes. El Trimurti comprende a Brahma, el creador, Visnú, el protector del mundo, y Shiva, el mantenedor y destructor. Otros Dioses familiares procedentes de la cultura aria (nómada) son Indra, Soma, Agni y Varuna. En gran medida, estos Dioses todavía están solicitados y se les homenajea en las tradiciones hindúes de hoy en día.

El Hinduismo Moderno: las Cuatro Ramas

Las historias de los mitos hindúes provienen de las tradiciones del hinduismo, las cuales toman historias de textos antiguos como el *Ramayana* y el *Mahabharata*. Algunas de las tradiciones más importantes son el visnuísmo, el shivaísmo, el shaktismo y el smartismo. Algunas de las tradiciones secundarias serían el Nath, el lingayatismo, el atimarga, el sauraísmo y otras más.

Aunque las cuatro tradiciones principales comparten ceremonias e incluso creencias, el visnuísmo, el shivaísmo, el shaktismo y el smartismo proponen cada uno sus propias prácticas y filosofías.

El *visnuísmo* cree que Visnú es la manifestación suprema de la Divinidad. Otros dioses y semidioses, como Rama y Krishna, son, de hecho, encarnaciones de Visnú y de su grandeza. Los seguidores de esta secta, conocidos como *vaishnavas*, son no-ascéticos, lo que significa que no están interesados en estilos de vida extremadamente simples (por ejemplo, en la arpillera y las cenizas de la tradición cristiana) o en otras formas de renunciar al propio ser para alcanzar la iluminación.

El *shivaísmo*, del que se considera que cuenta con el mayor contingente de creyentes de toda la tradición hindú, cree que Shiva es la suprema manifestación de la Divinidad. Los shivaístas o saivitas se extendieron por el Sudeste Asiático, construyeron templos y difundieron su gusto por el yoga y la vida ascética. En algunas zonas, el shivaísmo y el budismo evolucionaron juntos. En algunos templos shivaístas aparecen símbolos y relieves budistas.

El *shaktismo,* íntimamente relacionado con el shivaísmo, cree que "la Diosa" es la suprema manifestación de la Divinidad. "La Diosa" es lo divino femenino, y se la adora bajo la advocación de Devi o Shakti. Devi es la compañera de Shiva.

El *smartismo* cree en la *Panchatayana Puja*, o en la adoración de cinco dioses y diosas principales por igual: Shiva, Visnú, Surya, Devi y Ganesha.

Si usted desea tener claros los diferentes contingentes: recuerde:

Visnuísmo =Visnú
Shivaísmo =Shiva
En el shaktismo, Shakti es quien "lo mueve todo". Creencia en lo divino femenino.
Smarta=5 letras de la palabra inglesa *smart* para cinco dioses diferentes.

Textos sagrados: Shruti y Smrti

Las historias de los mitos hindúes tienen su origen en dos corpus de escritura diferentes: *shruti* y *smrti*.

Shruti, cuyo significado es "lo que se oye", constituye la espina dorsal de la filosofía hindú. Los Vedas, los Brahmanas y los Upanishads entran en esta categoría. Se considera que los relatos *shruti* no tienen autor y son atemporales.

Smrti, cuyo significado es "lo que se recuerda", incluye los Puranas y épicas como las del *Ramayana* y el *Mahabharata*. Los textos *smrti* se atribuyen a un autor. El *Bhagavad Gita* es parte del *Mahabharata*.

Filosofía

Las tradiciones filosóficas hindúes comprenden en *Sankhya*, el *Yoga*, el *Nyaya*, el *Vaisheshika*, el *Mimamsa* y el *Vedanta*.

Estas tradiciones, conocidas como *astika* u ortodoxas, aceptan los Vedas como autoridades. Las *nastika* (no ortodoxas) rechazan los Vedas e incluyen al budismo, el jainismo, el *chárvaka* y el *ajivika*.

El origen de las filosofías *astika* se puede rastrear a lo largo de los Vedas y otras escrituras hindúes, donde se dejan ver en varios hechos y figuras mitológicas. Estas dan forma a la perspectiva de las historias y conforman su esqueleto ontológico.

Mitos y leyendas

¿Por qué es tan importante todo este contexto?

Los mitos que usted está a punto de leer se hallan impregnados de estos fundamentos. Estas historias (el *ráksasa* Ravana y sus diez cabezas, el Señor Ganesha y su carrera a lomos de un ratón, la protección de Krishna) en realidad versan sobre las personas que las cuentan y el significado que tratan de otorgarles. Un entendimiento básico de las raíces del hinduismo puede ayudarle a encontrar los hilos de oro en el intricado tapiz del patrimonio y la fe. Los símbolos de estos mitos (las flores de loto, las múltiples cabezas y brazos, el *tapasiá*) representan la abundancia de miles de años de perspectiva y devoción.

Tenga en cuenta estas premisas, porque existen diferentes versiones del hinduismo que inspiran a diferentes tipos de personas. Flotan muchas y muy diversas versiones de los relatos a lo largo y ancho de la jungla y por encima de las piedras de los templos y las tradiciones. Las historias de este volumen son mi versión, aunque me he ceñido a los mitos y leyendas originales tanto como me ha sido posible y mi imaginación me ha permitido. Al final de este libro, encontrará una breve bibliografía para continuar investigando y leyendo sobre este tema.

Namasté.

Capítulo 1: El Señor Brahma, el Señor Visnú y el Principio del Mundo

En el principio, solo existían la nada y el Brahmán (no debe confundirse con Brahma, este aparecerá más adelante). El Brahmán, sin forma y más allá de toda descripción, ahuyentó a la nada y creó seres, gloriosos inmortales imbuidos del poder y la savia de la eternidad.

Desde su esencia conceptual, el Brahmán creó todas las cosas, empezando por el Señor Brahma y el Señor Visnú. De esta manera se crearon dos de los tres Dioses más importantes. Aunque más tarde surgieron otros inmortales, estos eran los más poderosos y los más venerados.

Visnú estaba echándose una siesta sobre el agua, el primer objeto creado. Las frescas olas le sumieron en el sueño, meciendo su grandeza sobre sus crestas. Su piel era azul.

Un huevo brillante apareció sobre el agua, brillando con tanta fuerza como el Sol. Brahma se formó a sí mismo dentro del huevo, creciendo y moldeando su forma durante mil años. Al final, Brahma surgió del interior del huevo. Las dos partes se separaron y crearon el cielo y la tierra, respectivamente. Escondidas dentro de aquellos trozos se encontraban las masas de tierra. Brahma les dio forma con sus poderosas manos, formando los continentes a partir del agua.

Tras haber creado el mundo, Brahma meditó. De sus elevados pensamientos surgieron diez hijos (los Dioses no siempre nacen de la misma forma que los hombres). Estos eran los Sabios, las fuentes de la sabiduría a quienes Brahma les reveló su sabiduría. Otro Dios, Dharma, salió del poderoso pecho de Brahma.

Otros cuentan otra historia. El Señor Visnú, el protector y conservador, creó para sí un *Chaturbhuj*, una forma con cuatro brazos. Prakriti, la fuerza femenina creadora, le ayudó en su trabajo. En sus brazos sostenía una flor de loto y su maza, el arma de la justicia. De las olas del mar surgió Lakshmi, a la que el Señor Visnú aceptó como consorte.

De su ombligo creció una flor de loto, y su corola se extendió por todo el océano. De esta flor surgió Brahma, el creador, y amigo de Visnú por toda la eternidad.

Así empezó el mundo de los Dioses, el amanecer del primer comienzo.

Capítulo 2: El nacimiento del Señor Shiva

Poco tiempo después de la creación, el Señor Brahma y el Señor Visnú se encontraron el uno con el otro por casualidad mientras caminaban por una llanura desierta.

— Saludos, Señor Brahma —dijo el Señor Visnú con respeto.

—Saludos, Señor Visnú —le contestó Brahma. — ¿Adónde te diriges por esta llanura baldía?

—Me voy a inspeccionar mi grandeza —dijo el Señor Visnú lleno de orgullo. —En este mundo, mi devoción tiene la mayor importancia, y voy a escuchar las oraciones de mi gente.

Esta respuesta no complació al Señor Brahma.

—Puede que muchos te recen, Señor Visnú —dijo, —pero se olvidan de quién es quién les dio labios para rezar. Cuando te rinden pleitesía con sus rezos, me honran a mí aún más, ya que les di la base desde la que expresar su devoción.

El Señor Visnú frunció el ceño y la tierra bajo sus pies se agitó.

— ¡Si existe algún poder más grande que yo, que se manifieste!

Entre los dos Dioses surgió un pilar en llamas que se alzaba hacia el cielo al tiempo que se hundía en las profundidades de la tierra. Su luz les cegaba, y levantaron sus manos para protegerse del resplandor. Inclinaron sus cuellos hasta que estos tocaron el suelo, pero ni así podían ver el final del pilar.

El Señor Brahma y el Señor Visnú se llenaron de admiración. ¿Quién podría ser más poderoso de lo que eran el Creador y el Conservador del mundo? Decidieron salir a buscar el extremo del pilar.

—Me transformaré en una oca y buscaré el final del pilar en la eternidad —dijo el Señor Brahma.

Extendió sus brazos y sobre ellos crecieron plumas grandes y blancas, y su cara se estrechó hasta convertirse en el delgado pico de una oca.

—Me transformaré en un jabalí y buscaré el final del pilar en la tierra —dijo el Señor Visnú. Su piel azul se tornó en pelo apelmazado, y a su nariz le crecieron colmillos largos y afilados.

El Señor Brahma saltó hacia el cielo y el Señor Visnú se hundió en la tierra en busca del extremo del gran pilar sin nombre.

El Señor Brahma batió sus alas y se alzó por encima de las copas de los árboles. Las batió de nuevo y se alzó por encima de las colinas. Las batió otra vez y flotó sobre las montañas. El pilar seguía alzándose más y más alto. Batió sus alas todavía más alto y se alzó sobre los cielos. Las batió de nuevo y se alzó sobre las estrellas. El pilar seguía prolongándose hacia lo más alto. El Señor Brahma voló durante eras, más allá del tiempo y de la eternidad misma, hasta que sus alas comenzaron a dolerle y sus plumas se mustiaron de la fatiga. Aún no se veía el extremo del pilar. Regresó a la llanura desierta.

El Señor Visnú cavó profundo en la tierra, más allá de las raíces de las plantas y los árboles. Cavó más y más, husmeando con su nariz más hondamente, más allá de las fuentes de los ríos. El pilar se hundía más profundamente. Cavó más hondo, más allá de los pies de las montañas. Cavó más y más hondo hasta el fondo de la Tierra misma. El pilar continuaba hundiéndose aún más lejos. El Señor Visnú cavó hasta que sus colmillos quedaron mellados y sus bigotes se caían de cansancio. El pilar no tenía fin. Volvió a la llanura desierta.

— ¡Señor Brahma! —le llamó el Señor Visnú cuando lo vio aterrizar sobre la hierba. —He cavado y cavado, y no he podido encontrar el final del pilar. No termina en la Tierra.

— ¡Ah, Señor Visnú! —le replicó el Señor Brahma. —He volado y volado y no he podido hallar el final del pilar. No termina en el cielo.

El pilar se agitó, y la tierra tembló. Se agitó de nuevo, y el cielo se estremeció. Se sacudió por tercera vez, y una figura brillante salió de sus profundidades.

Su piel estaba dañada por el *bhasma* (las cenizas), y su cabello estaba apelmazado y era rizado. Un tercer ojo llamado Tryambakam ardía en su frente. Una serpiente siseaba en su cuello.

Bajó su tridente, el *trishul*. El Señor Brahma y el Señor Visnú se inclinaron en señal de reconocimiento. Ciertamente, allí se hallaba un poder tan grande, si no mayor, que los suyos propios.

Así nació el Señor Shiva, el Destructor, Señor de demonios. Hizo de Varanasi su hogar y se casó con Parvati, de la cual rara vez se separó. Pero esa es historia para otra página.

Capítulo 3: Sarasvati y la Quinta Cabeza de Brahma

Después de la creación, Brahma observó el mundo y quedó complacido. Vio el agua y la tierra, las montañas y las colinas. Vio el Sol, Aditya, cuyos rayos bendecían la Tierra. Vio a los Sabios, surgidos de su pensamiento. Sin embargo, ninguno de estos seres había nacido hasta ahora de una madre y un padre.

Así pues, el Señor Brahma sacó de su propio cuerpo una forma que era mitad hombre y mitad mujer. El hombre se llamaba Swayambhu Manu, y la mujer, Shatarupa. Es más conocida por otro nombre: Sarasvati.

El pelo negro de Sarasvati llegaba hasta su cintura, y su rostro era puro y claro. En sus manos sostenía una *vina* con la que bendice al Universo con música y sabiduría. Hansa, el cisne, la llevaba sobre su espalda.

Cuando vio la belleza de Sarasvati, el alma del Señor Brahma se movió dentro de él. Deseó tomarla por esposa, pero Sarasvati, surgida de su propio cuerpo, era como su hija.

Un día, ella se dirigió al Señor Brahma para ofrecerle sus respetos. Él la observó con un deseo intenso. Cuando caminó detrás suyo mientras le rodeaba, él dejó de verla. Tan grande fue su añoranza que una segunda cabeza brotó tras la primera para poder observar mejor a Sarasvati y su belleza.

Sarasvati pasó por la izquierda del Señor Brahma, y una tercera cabeza apareció para seguirla mirando. Cuando pasó por su derecha, otra cabeza más, la cuarta, brotó de sus hombros para que ella no se alejara de su vista.

Su atención turbó a Sarasvati. Para tener un momento de respiro del deseo de Brahma, saltó sobre su cabeza. Una quinta cabeza brotó de los hombros de Brahma, por lo que Sarasvati no podía sustraerse a su interés.

El Señor Shiva observó la escena y se sintió contrariado.

—No es decente ir detrás de tu propia hija, Señor Brahma —dijo.

Cuatro de las cabezas de Brahma alabaron a Shiva y estuvieron de acuerdo con él. La quinta cabeza siseó e injurió a Shiva por su intromisión. El Señor Shiva desenvainó su espada.

— Una cabeza que habla de ese modo no debe hablar en absoluto.

Y así, el Señor Brahma perdió su quinta cabeza, la que hablaba con maldad al Señor Shiva. Al final, Brahma y Sarasvati se casaron, y desde entonces viven juntos. Shatarupa se casó con Swayambhu Manu y engendraron al primer hijo. Así comenzó el ciclo de padres y madres del primer hombre y la primera mujer.

Capítulo 4: Shiva Pone a Prueba a Parvati

En el Himalaya vivía un gran rey. Su esposa, Mena Devi, y él servían al Señor Shiva y le ofrecían un profundo respeto. Sin embargo, no se sentían realizados. Deseaban una cosa y solo una cosa: una hija que creciera para convertirse en la esposa de Shiva.

— ¡Oh, si nuestra familia pudiera ser digna de este honor! —exclamaba Himavantha, el rey. —Soy un gobernante, y sin embargo, soy pobre como el campesino más pobre sin este don.

—Entonces, realicemos una *tapasiá* —le respondió Mena Devi. —Esto complacerá a Gauridevi, la esposa de Shiva. Tal vez ella renazca como nuestra hija.

El rey Himavantha estuvo de acuerdo con ella. Mena Devi comenzó su *tapasiá*. El sol salió y se puso, y ella seguía meditando. Las sombras se perseguían las unas a las otras sobre su rostro, y ella seguía meditando. No pasaba nada de comida por sus labios, ni nada de agua mojaba su lengua. Al final, pasados tres días, Gauridevi escuchó la meditación de Mena Devi.

—Me complace tu devoción —dijo Gauridevi. — ¿Qué es lo que quieres de mí?

—Gran Diosa —dijo Mena Devi, haciendo una reverencia hasta el suelo, —Himavantha es un gran gobernante entre los hombres, y yo soy su esposa. Pero nuestra riqueza no es nada sin una bendición. Solo deseamos tenerte como nuestra hija, y te criaremos para que seas la esposa de Shiva.

La petición complació a Gauridevi.

—Renaceré como vuestra hija. El Señor Shiva me llorará, pero volverá a encontrarme.

Gauridevi saltó dentro de una hoguera. Su forma como Gauridevi pereció entre las llamas, y Shiva lamentó su pérdida. Mientras, Mena Devi concibió y dio a luz a una hija, a la que llamó Parvati. Su primera palabra fue "Shiva", y con ello, sus padres supieron que Gauridevi había cumplido su promesa. Parvati creció y se hizo cada vez más hermosa y sabia hasta que alcanzó al fin la edad para buscar a Shiva.

Después de que Gauridevi pereciera en las llamas, el Señor Shiva meditó durante muchos años para guardar luto por su pérdida. Meditó tan profundamente que ni escuchaba sonidos ni veía imágenes sin la profundidad de su duelo. Cuando llegó el momento en el que Parvati iba a casarse con Shiva, no podía ni verla ni oírla. El rey le consultó a Narada, un gran sabio.

— ¿Qué es lo que se debe hacer? —le preguntó el rey Himavantha. —Nuestra hija debe casarse con el Señor Shiva, pero su mente vaga por otras sendas.

—El Señor Shiva está profundamente concentrado en su meditación —respondió Narada, —pero las oraciones de adoración puede que aún lleguen a sus oídos. Envía a Parvati a que rece en su templo, y tal vez escuchará su voz si su devoción es pura.

Himavantha quedó complacido por este consejo, y envió a Parvati al templo del Señor Shiva. Cuando los ojos de Parvati se encontraron con el Señor Shiva meditando profundamente, su corazón bailó en su pecho, y se sintió determinada a no ofrecerle su reverencia a nadie salvo a él. Llevó a cabo un *tapasiá* en su honor y le adoró por todas las maneras a su alcance. Sus devociones no cesaron al llegar la noche, sino que continuaron hasta el amanecer. Rezó hasta que su voz se quebró y sus ojos se cerraban de cansancio. El Señor Shiva oyó sus oraciones desde lo más profundo de su meditación.

"Esta es ciertamente una mujer pura", pensó, "que reza y me adora sin cesar. Quizá deba tomarla como esposa".

Sin embargo, el Señor Shiva trató de poner a Parvati a prueba, ya que era posible que amara a alguien más que a él. Se vistió con ropajes de seda dorada y adoptó el semblante de un brahmán rico. Cuando se acercó al templo en el que Parvati seguía rezando, fingió realizar un sacrificio a Shiva antes de dirigirse a ella.

— ¿Malgastarías tu devoción en un templo sin importancia?

Los ojos de Parvati emitieron un destello, pero no detuvo su adoración. El Señor Shiva disimuló su sonrisa y lo intentó de nuevo.

— ¿Desearías vivir sin riquezas, con las cenizas como tu único solaz?

Parvati le dio la espalda y continuó rezando, pero sus manos temblaban de ira. El Señor Shiva estaba complacido, pero la puso a prueba una tercera vez.

—Sería una pena que una muchacha hermosa y rica se casara con un pobre mendigo, por mucho que este sea un Dios.

Parvati se giró en redondo:

— ¡No me casaré con nadie, salvo con Shiva!

—Ese soy yo.

El Señor Shiva se deshizo de su disfraz, revelándole su verdadera naturaleza. Parvati aplaudió de dicha y cayó a sus pies. El Señor Shiva la levantó suavemente.

—Has demostrado tu devoción. Te tomaré como mi esposa.

Himavantha y Mena Devi no cabían en sí de gozo por la boda de Parvati, y bendijeron a la Diosa por cumplir la promesa que les hiciera. Y así, el Señor Shiva y su consorte, Parvati, se casaron.

Capítulo 5: Shiva Atrapa una Ballena

El Señor Shiva se propuso enseñarle los Vedas a su esposa Parvati. Se sentaron en el jardín de detrás de su casa, donde las flores se abrían y la hierba se ondulaba con la brisa de la montaña.

—Escucha, Parvati, la belleza de los Vedas y la sabiduría que encierran —dijo el Señor Shiva.

Acto seguido, comenzó a exponer el *gyan*, el conocimiento, y Parvati escuchaba. El día se prolongó una semana. Sumergió su entendimiento en el Rig Veda, el Sama Veda, el Yajur Veda y el Atharva Veda. La semana se convirtió en meses. El Señor Shiva estudió los Samhitas, recitando sus mantras y cantando sus oraciones. Le reveló los Aranyakas y explicó los rituales y ceremonias. Los meses se extendieron hasta hacerse años. Repasó los Brahmanas y sus comentarios y meditó sobre los Upanishads. Los años se prolongaron hasta hacerse milenios, y las estaciones iban y venían como el latido de la Tierra. Y aún entonces, el Señor Shiva explicaba los Vedas y su sabiduría, y se deleitaba en sus palabras.

Parvati escuchaba. Escuchaba los *mandalas* y los pies métricos de los himnos, y los tarareaba suavemente al compás. Escuchaba cómo los árboles ahondaban sus raíces en el suelo de la montaña y los pájaros se pasaban la vida cantando. Tras muchos años, sus ojos se caían de cansancio, y bostezaba.

El Señor Shiva frunció el ceño:

— ¿Has perdido el interés, Parvati?

—Solo por un momento —le contestó. —Mis ojos se cayeron de cansancio y bostecé sin pensar en ello. Te escucho.

El Señor Shiva estaba contrariado:

—Ve a la Tierra y renace como una pescadora.

— ¿Qué he hecho para merecer un castigo? —exclamó Parvati.

Pero el Señor Shiva no le respondió. Se alejó de allí, y la ceniza cayó a copos de su piel y las calaveras que llevaba en torno a su cuello claqueteaban enfurecidas. Parvati obedeció. Adoptó la forma de una hermosa bebé, la cual lloró y lloró hasta que un pescador se dio cuenta de que estaba pataleando a los pies de un árbol. La recogió y se la llevó a casa, ya que su esposa había muerto sin dejarle descendencia, y estaba contento de encontrar una niña que fuera su hija.

El Señor Shiva subió a la cima de una montaña a meditar. Meditó durante muchos años, pero cuando volvió en sí, Parvati seguía ausente. Viajó a las cuatro caras de la montaña, y en el destello de los cristales, rubíes, oro y lapislázuli, vio la belleza de Parvati y su amor hacia él. En ese momento, su corazón se ensombreció y se arrepintió de su castigo.

Parvati se volvía cada día más y más hermosa. Aprendió a remar, y pronto remar más rápido que cualquiera en la aldea. Aprendió a pescar, y ayudaba a su padre con sus capturas. Muy pronto, se convirtió en el hombre más rico de la aldea.

El Señor Shiva se sentó solo en el Monte Kailash. El aire estaba vacío sin el sonido de la voz de Parvati, su hogar estaba vacío sin su presencia. El Señor Shiva se sentó entristecido hasta que sus hombros se le descolgaron y su cabello apelmazado se arrastraba por el polvo.

Nandi, la vaca sabia sobre la que a veces viajaba Shiva, observó la pena de su amo.

— ¿No puedes pedirle a Parvati que vuelva? —le preguntó. —Sé que volvería si se lo pidieras.

—No puedo —dijo el Señor Shiva, y cayeron grandes lágrimas de sus tres ojos. —El destino de Parvati ordena que se case con un pescador.

Y dejó escapar un suspiro tan grande que las montañas que rodeaban al Monte Kailash se arremolinaron y apelotonaron como en una tormenta de verano. Nandi se apenó cuando vio al Señor Shiva doliéndose por su esposa.

— ¿Qué puedo hacer para ayudar al Señor Shiva? —se preguntaba. —Debo encontrar una forma de aliviar su tristeza.

Nandi se dirigió a la aldea de Parvati y observó mientras ella remaba y pescaba con su padre. Ella reía mientras el agua chocaba contra el costado del barco y cantaba con el susurro de las olas.

"Su voz debería estar en el Monte Kailash, y no aquí, en una aldea de pescadores", pensó Nandi. "Pero, ya que no puede regresar, tal vez mi amo pueda encontrarse aquí con ella".

Nandi se transformó en una gran ballena. Su cuerpo se estiró hasta hacerse más largo que cuatro barcos de pesca, y su cola brillaba como una media luna menguante. Esperó a que los pescadores salieran a los caladeros, y luego siguió a sus barcos con sigilo. Cuando lanzaron sus redes para pescar, Nandi las enredó en sus aletas y las arrancó de sus barcos. Los pescadores se lamentaron por su mala suerte y lanzaron redes nuevas. De nuevo, Nandi enredó sus redes en las aletas y las arrancó. Los pescadores le golpeaban con sus remos, y esta hizo zozobrar sus barcos. Al final, los pescadores se rindieron y se dirigieron de vuelta a la orilla sin su pesca.

Durante los días siguientes, Nandi acosó a los pescadores. Enredaba sus redes y hacía zozobrar sus barcos. Espantó a los peces y creó enormes olas y mares picados con su cola. Día tras día, los pescadores regresaban a casa con las redes y los estómagos vacíos. Al final, sus quejas llegaron a oídos del padre de Parvati, el cual era para ellos un jefe rico. Les escuchó mientras desgranaban su historia de la ballena embaucadora que les echaba a perder la pesca, y luego alzaba las manos para hacerles guardar silencio.

—Quien cace la ballena —dijo, —tendrá a mi hija por esposa. No debe atenazar a nuestra aldea nunca más.

Los pescadores murmuraron emocionados y se fueron derechos a los barcos. Pusieron sabrosos bocados como cebo en sus sedales y colocaron largas redes en los espacios de las rocas. Navegaron entre las olas, azuzando sus crestas con sus arpones. Sin embargo, ninguno pudo atrapar a Nandi. Ella les robaba el cebo, les estiraba y rompía las redes y se escapaba de las puntas de sus lanzas. Uno a uno, los pescadores regresaron. Nadie podía cazar la ballena.

El padre de Parvati se preocupaba por la aldea y por si no podían proveerla de comida. Le rezaba al Señor Shiva día y noche. Parvati se quedaba a su lado en su vigilia y le ofrecía agua cuando se le secaban los labios.

—Por favor, Señor, ayúdanos a deshacernos de esta ballena astuta.

Rezó hasta que los ojos se le cayeron de cansancio. Al final, cuando ya no podía seguir rezando, Parvati susurró por él:

—Por favor, Señor Shiva, escucha la oración de mi padre.

Lejos de allí, en la cima del Monte Kailash, Shiva oyó las palabras de Parvati. Estas flotaban en el viento y se posaron en su corazón, y él las recibió de grado. Se transformó en un hombre joven y se presentó ante el padre de Parvati.

—Atraparé a esta ballena —dijo, —y me ganaré la mano de la doncella.

Parvati se sonrojó pero le sonrió al apuesto forastero. El Señor Shiva subió a bordo de su barco y salió remando hacia los caladeros. Nandi oyó la voz de su amo y nadó cerca de él. Cuando el Señor Shiva lanzó su cable, Nandi saltó para atrapar el anzuelo. Cuando el

Señor Shiva enseñó a los pescadores que había atrapado a Nandi, la ballena, le dieron a Parvati para que fuera su esposa.

Así se volvieron a juntar el Señor Shiva y Parvati y se domó a la ballena Nandi.

Capítulo 6: Ganesha Pierde su Cabeza

Hay momentos en los que el Señor Shiva se queda abstraído. Meditar y ahuyentar las fuerzas negativas de este mundo es una gran responsabilidad; tan grande, tal vez, que las otras obligaciones quedan relegadas en el proceso.

Un día, el Señor Shiva afrontó la hora de su partida y abrazó y besó amorosamente a su esposa.

—Volveré pronto —dijo, —en cuanto hayamos expulsado a las fuerzas negativas.

Parvati le abrazó y le deseó buena suerte:

—Que encuentres éxito en tu viaje y que vuelvas a casa sin novedad.

El Señor Shiva se marchó a meditar. Las fuerzas negativas de aquel tiempo eran importantes, y hacía falta aplicar mucha concentración y esfuerzo para desterrarlas.

Parvati esperó pacientemente, pero su esposo no regresaba. Muy pronto comenzó a hacerse visible su embarazo, y ella seguía esperando a su esposo. Cuando nació el niño, le puso de nombre Ganesha. Su hermana, Ashoka Sundari, y él llenaban los días de

Parvati con risas y luz del sol y le aliviaron el dolor de la ausencia de Shiva. Ganesha se convirtió en un niño sano que ayudaba mucho a su madre y a su hermana.

Tras algunos años, el Señor Shiva volvió en sí tras meditar profundamente y se dio cuenta de que extrañaba a su esposa. Las fuerzas negativas habían sido desterradas y era libre de volver a casa. Realizó el viaje tan rápidamente como pudo y se sorprendió de encontrar a un hombre-niño de pie junto a su puerta. El Señor Shiva hizo ademán de entrar en la casa, y el hombre-niño le detuvo.

—No puedes entrar en esta casa —le dijo Ganesha, ya que no reconocía en él a su padre, que había estado ausente durante muchos años. —La Diosa no está preparada para recibirte.

El Señor Shiva sonrió y trató de echar al chico a un lado. Ganesha se resistió y le cerró el paso.

—No puedes entrar —le repitió.

Se quedó parado frente a la puerta con los brazos cruzados.

El Señor Shiva frunció el ceño. No sabía que había dejado a Parvati embarazada de este hijo.

— ¿Cómo es que no puedo entrar en mi propia casa? —le dijo. —Niño, hazte a un lado.

—Esta es mi casa, y no te conozco —dijo Ganesha, desafiante, —así que no puedes pasar.

El Señor Shiva estaba furioso e impaciente por ver a su esposa. Sin mediar palabra, le cortó la cabeza a Ganesha por los hombros y lanzó su cuerpo a un lado. Se encontró con Parvati cuando esta salía del baño y abrió sus brazos para abrazarla. Sin embargo, el cuerpo de Ganesha se podía ver en la esquina de la casa, y ella cayó de rodillas, lamentándose.

— ¡Ah, mi hijo! Mi Señor, ¿qué ha pasado? ¡Mi hijo, mi hijo!

— ¿Tu hijo? —dijo el Señor Shiva, atónito.

—Nuestro hijo —le contestó la Diosa al tiempo que acunaba el cuerpo de Ganesha en sus brazos.

—No lo reconocí cuando llegué —dijo el Señor Shiva, y le contó a Parvati todo lo que había hecho.

Parvati lloró amargamente, y sus lágrimas regaron el suelo. La hermana de Ganesha también lloró mientras se escondía tras un saco de sal. Desde entonces, Ashoka Sundari se relaciona con el sabor salado por el miedo que sintió por su padre y el duelo por su hermano. Para consolar a Parvati, el Señor Shiva propuso una solución.

—Dado que es nuestro hijo, buscaré una nueva cabeza para colocársela en los hombros y reemplazar a la antigua. Tomaré la cabeza del primer ser que encuentre dormido y se la colocaré a nuestro hijo, que volverá a estar entero.

Y así, el Señor Shiva se marchó y buscó una nueva cabeza para Ganesha. Buscó en el río y buscó en la montaña, pero no encontró ninguna cabeza nueva para su hijo ni en el agua ni en las rocas. Siguió buscando en la jungla del llano, y encontró un bebé elefante durmiendo. El Señor Shiva le quitó la cabeza y se la llevó de vuelta a Ganesha.

Cuando Parvati vio la pesada cabeza del elefante sobre los pequeños hombros de su hijo, lloró y lloró, pero no había mucho más que ella pudiera hacer. El Señor Brahma y el Señor Visnú bendijeron al niño y sellaron el regalo del Señor Shiva.

De este modo, Ganesha porta una cabeza de elefante desde entonces.

Capítulo 7: Ganesha Vierte un Río

Hace muchos años, el sabio Agastya vivía en una región seca y desértica. Las plantas se marchitaban, y la tierra resquebrajada ansiaba el agua. El sabio Agastya se retiró a un lugar sagrado y rezó con ahínco al Señor Brahma y al Señor Shiva.

—Oh grandes Señores que ofrecéis bendiciones de paz y cultivos —dijo, —escuchad las oraciones de vuestro humilde siervo y bendecid esta tierra desgarrada para que vuestros nombres sean adorados por siempre.

Los Dioses escucharon sus oraciones. El Señor Brahma y el Señor Shiva se le aparecieron al sabio Agastya.

— ¿Qué deseas? —le preguntó el Señor Shiva.

Las calaveras en torno a su cuello claquetearon, pero el sabio Agastya no se inmutó e inclinó su cabeza.

—Gran Señor, dame agua sagrada para bendecir esta tierra, para que las plantas y las personas puedan crecer fuertes y bien formadas.

—Así se hará —le contestó Shiva. —Tráeme tu *kamandalu* y lo llenaré.

El sabio Agastya trajo su pequeño recipiente para el agua y les ofreció sus respetos al Señor Brahma y al Señor Shiva. El Señor Shiva vertió en el *kamandalu* el más puro de los líquidos, el agua sagrada necesaria para hacer brotar un río. El sabio Agastya le dio las gracias al Señor Shiva y se llevó el *kamandalu* consigo.

Viajó durante varios días por la región buscando el mejor lugar para hacer brotar el nuevo río. Algunas colinas eran demasiado altas. Algunos valles eran demasiado profundos. Al final, se dirigió a las Montañas Coorg. Sus verdes cumbres acariciaban las nubes. Se sentó en una roca a descansar, rodeando el *kamandalu* lleno de agua sagrada con sus brazos. Tras un breve rato, un niño se le acercó por el camino.

—Niñito, —le dijo el sabio Agastya, — ¿me sostienes el *kamandalu* mientras hago mis necesidades?

—Sí, sabio Agastya —dijo el niño sonriendo. —Yo te lo sostengo.

—Ten cuidado —le dijo el sabio. —Está lleno de agua sagrada, y es peligroso derramarla.

—Tendré cuidado, sabio Agastya.

El sabio Agastya le dio el *kamandalu* al niño y se fue directo a hacer sus necesidades. Una vez se hubo marchado, el niño rió y dejó el *kamandalu* en el suelo. El niño era Ganesha, el hijo del Señor Shiva, y pensó que ese valle era perfecto para hacer brotar un nuevo río. El agua caería desde los lugares altos y bañaría los pies de las montañas de la parte inferior.

Cuando el sabio Agastya regresó, se enfadó al ver al niño sentado en la roca y el *kamandalu* sobre el suelo.

— ¡Has descuidado el agua sagrada! —le regañó. —Mira, se está acercando un cuervo para mancillarla con su pico. ¡Fuera!

Pero el cuervo no se marchó. Miró al sabio Agastya, y giró su pico para tomar un poco de agua. El sabio Agastya batió el aire con sus brazos, espantando al cuervo. Las garras del cuervo se agarraron al borde del *kamandalu*, vertiendo el agua sagrada. Un río brotó inmediatamente y se precipitó montaña abajo.

Así nació el río Kaveri, el río sagrado por el que el sabio Agastya rezó, que fue un regalo del Señor Shiva, lo planificó Ganesha y lo vertió un cuervo.

Capítulo 8: El Orgullo de Kubera

En un día de fiesta importante, Kubera, el Señor de los Yakshas, celebró un banquete. Su anfitrión repartió servilletas de seda a cada invitado. Los sirvientes portaron finos pescados tostados y *biryani*, y gachas *chahou kheer* al vapor en cuencos dorados. Atravesaban su umbral invitados de prestigio. Varuna llegó con su consorte Varuni, y su cabello brillaba con conchas marinas centelleantes. Tvastr, el albañil celestial, se inclinó ante Indra, el rey de los Dioses. Aunque el Señor Shiva y Parvati no podían asistir, enviaron a su hijo, Ganesha, en representación suya. Era un banquete sibarita, y Kubera disfrutaba de la gloria de su riqueza.

Los invitados se sentaron a comer, y todos quedaron complacidos con la exhibición. Varuna alabó el pescado de Amritsar, mientras que Varuni probó los dulces *imarti*. Tvastr tomaba *dal* salado y *dum aloo* a cucharadas, e Indra se relamía con el lácteo *shahi paneer*. Sus copas estaban llenas, y los invitados reían y bromeaban sobre alfombras y cojines mullidos.

El Señor Ganesha comía alubias *rajma* y pan *naan*. Devoraba las *samosas* y el pollo *tandoori*. Engullía bolas de *pani puri* y cacerolas de *palak paneer*. El banquete sibarita desapareció plato dorado tras plato. Los otros invitados detuvieron su conversación y observaron cómo cada plato desaparecía por la garganta vacía de Ganesha abajo.

Devoraba los platos, las servilletas y el mantel. Se tragó las velas, los cantantes y bailarines, e incluso las mesas y los asientos. Los brazos agitados del anfitrión y sus pies rodeados de oro desaparecieron cuando Ganesha se lo tragó de una vez.

— ¡Por favor, oh Grande —volvió a gritar Kubera, —perdona a mi gente!

Sin embargo, en vez de ello, Ganesha se tragó las blandas almohadas y los ornamentados tapices. Se tragó las velas y el *kamandalu*, y el agua se agitaba en su enorme estómago.

— ¡Para, Señor Ganesha! —gritó Kubera aterrorizado. — ¡Sosiega tu hambre!

Pero el Señor Ganesha no se detuvo. Tragó y tragó hasta que toda Alakapuri, la ciudad de Kubera, tembló horrorizada. Kubera se puso sus zapatos más veloces y corrió al hogar del Señor Shiva en el Monte Kailash. Pasó a la carrera por los ríos que alimentan los pastos por donde serpenteaban al pasar. Dejó atrás corriendo las colinas donde pacían el ganado y los elefantes. Corrió a las montañas donde cantaban los pájaros dulcemente y se alimentaban de rica fruta y bayas.

Al final, llegó al hogar del Señor Shiva, donde el gran señor y su consorte, Parvati, estaban sentados comiendo una comida sencilla.

—¡Señor Shiva! Escucha mis ruegos y haz que Ganesha deje de devorar —dijo Kubera, cayendo a los pies del Señor Shiva. —Mi ciudad se agita, y mi gente tiembla de miedo por su hambre incesante.

El Señor Shiva no dijo nada pero sonrió levemente mientras se levantaba. Alzó una taza con simples legumbres tostadas y se la llevó de vuelta a Alakapuri, caminando tranquilamente durante todo el recorrido. Kubera le siguió, preguntándose si tal vez había sido un error consultarle al Señor Shiva, después de todo.

Cuando llegaron, Ganesha había arrancado las puertas de sus bisagras y se las había tragado enteras. El Señor Shiva le ofreció a Ganesha la taza de legumbres tostadas.

—Ah, —suspiró Ganesha dispuesto a descansar, —estoy satisfecho.

El ansia de comida de Ganesha cesó, y se sentó tranquilamente sobre el suelo desnudo. Kubera incline su cabeza avergonzado.

—Perdona mi debilidad, Señor Shiva. Solo vi mi riqueza, y no los buenos usos en los que esta puede emplearse. Ante mis ojos, el oro del plato y del tenedor brillaban con más fuerza que los ojos de mi gente. Me siento humillado.

Así, Ganesha consumió el suntuoso banquete, y Kubera aprendió del error de su

engreimiento.

Capítulo 9: Ganesha Hiere a una Diosa

Una vez, cuando el Señor Ganesha era niño, se encontró una gata casera y desaliñada en una aldea cercana a su casa. La gata se arrebujaba bajo un tramo de escalones de madera desgastados, y tenía el pelo arruinado por el polvo.

— ¡Ven a jugar conmigo! —le ordenó a la gata el pequeño Dios Ganesha.

Esta se escondió aún más entre las sombras y ocultó sus ojos con su cola rayada. El Señor Ganesha se enfadó y sacó a la gata de debajo del porche estirándola por la pata trasera. La hizo dar vueltas en redondo y la atrapó de nuevo, y luego la lanzó alto al aire para ver cuántas veces podía aterrizar sobre sus patas. La pobre gata se cansó y quedó cubierta de moratones en poco tiempo. El Señor Ganesha se hartó de su juego y se dirigió al Monte Kailash para comer con su madre.

Cuando llegó a casa, todo estaba en silencio. El Señor Ganesha asomó la cabeza por la puerta. Su madre no estaba en la cocina. Se fue a la parte trasera de la casa y entró en el jardín. Su madre no estaba allí. Atravesó los salones y la encontró encogida en una esquina, cubierta de enormes moratones.

— ¡Madre! —gritó el Señor Ganesha, corriendo a su lado. — ¿qué ha ocurrido?

—Me hiciste daño, hijo mío —dijo Parvati con un hondo suspiro. — Cuando me lanzaste al aire, me caí al suelo y me llené de moratones.

—Pero Madre, —dijo el Señor Ganesha, ansioso por consolarla, — yo no te he lanzado al aire. Acabo de llegar a casa.

—Yo era la gata a la que lanzaste al aire en la aldea de más abajo. El que ensuciaste era mi pelo; la que retorciste, mi cola, y los que magullaste, mis costados.

Parvati se dobló de dolor e hizo una pausa para tomar aliento. El Señor Ganesha inclinó su cabeza avergonzado.

—Madre, estoy lleno de pena. Ahora sé que hacerle daño a otro ser por diversión está mal y es dañino.

Grandes lágrimas se escapaban de los ojos del Señor Ganesha, y estas mojaron las tablas del suelo que estaba cerca de los pies de su madre.

—Es una buena lección, hijo —le dijo Parvati levantándose.

El Señor Ganesha le ayudó a llegar a la cocina y le puso ante ella una rica comida reparadora. Y así, el Señor Ganesha aprendió a tener piedad y a ser generoso con aquellos más pequeños que él.

Capítulo 10: Ganesha Gana una Carrera

El Señor Ganesha y su hermano, Kartikeya, eran muy competitivos. Saltaban desde las rocas para ver quién podía llegar más alto. Lanzaban piedras en el río para ver quién las podía hacer llegar más lejos. Incluso se medían contra los árboles para ver cuál de ellos era el más alto.

Un día, los Dioses les dieron a los niños un trozo de una fruta divina especial. Sus grandes hojas eran como de seda, y su pulpa era tan deliciosa y láctea como la nata de leche de vaca. Ambos niños codiciaban la fruta.

— ¡Es mía! –gritaba Kartikeya. — ¡Soy el que tiene más hambre!

— ¡Es mía! –gritaba Ganesha. — ¡Soy el más grande y el que más alimento necesita!

Los niños se pelearon hasta que sus padres les separaron. El Señor Shiva trató de poner paz entre ellos de nuevo.

—Hijos míos, podéis compartir la fruta. Así los dos podréis saborear su dulzura y quedar saciados.

El Señor Ganesha miró a Kartikeya. Kartikeya miró al Señor Ganesha.

— ¡No! —gritaron los dos al unísono. — ¡Es mía!

Parvati suspiró, pero el Señor Shiva sonrió:

—Muy bien. Ya que ninguno desea compartirla, los dos tendréis la oportunidad de ganar la fruta. El primero que rodee el mundo tres veces ganará el premio.

Kartikeya se rió y llamó a su glorioso pavo real. Sus plumas chispearon al roce del sol en cuanto este salió, y acto seguido, Kartikeya y el pavo real partieron volando hacia el horizonte.

El Señor Ganesha llamó con tristeza a su montura, el pequeño ratón, y se subió a su lomo. El ratón corrió lo más rápido que pudo, pero era diminuto, y el Señor Ganesha era muy pesado. Solo habían recorrido unos cuantos metros antes de que el ratón necesitara descansar. El ratón y el Señor Ganesha viajaron así durante un tiempo. Una vez transcurrido, el Señor Ganesha escuchó un batir de alas, y se giró mientras Kartikeya pasaba por allí volando.

— ¡Ja, hermano! —gritó Kartikeya, agitando una pluma de pavo real que se había soltado. —Más te valdría volver. ¡Mi montura es, de lejos, la más rápida, y seguro que yo gano la fruta!

Y el pavo real de Kartikeya volvió a desaparecer en el cielo. El Señor Ganesha suspiró y le hizo dar la vuelta a su ratón para volver a casa, triste por perder el premio y por la fanfarronería de Kartikeya.

Mientras se acercaba a casa, vio a sus padres, el Señor Shiva y Parvati, esperando cerca de la puerta. De pronto, se le ocurrió una idea.

—Madre, Padre —les dijo mientras se acercaba a ellos. — ¿Puedo daros la vuelta tres veces, ya que vosotros sois mi mundo?

Parvati se rió, y el Señor Shiva asintió. Ganesha, sobre su ratoncito, rodeó una vez a sus padres. El ratoncito se detuvo a descansar. Les dio la vuelta dos veces. Kartikeya pasó aleteando sobre su pavo real y se pavoneó de su próxima victoria. El Señor Ganesha les dio la vuelta a sus padres por tercera vez.

El Señor Shiva le entregó al Señor Ganesha la fruta y le bendijo por su lucidez. Cuando Kartikeya llegó, observó con cara de trompo cómo desaparecía la fruta en el estómago del Señor Ganesha. Así, Kartikeya tuvo su merecido por vanagloriarse, y el Señor Ganesha ganó un premio por su sabiduría.

Capítulo 11: Shiva Esquiva al Éxito

Cuando el Señor Ganesha era un niño pequeño, el Señor Shiva hizo pública una importante declaración en nombre de su hijo. Aquellos que desearan tener éxito en cualquier empresa debían rendir homenaje al Señor Ganesha. Cuando un labrador penara en sus campos y deseara tener una buena cosecha, debía adorar al Señor Ganesha. Cuando un sirviente buscara la bendición de su amo, debía adorar al Señor Ganesha.

—Nadie podrá obtener éxito si no es a través del Señor Ganesha —decretó.

Y así sucedió. Los mercaderes rezaban por sus mercancías. Los padres rezaban por sus hijas e hijos cuando estos iban al matrimonio, y las madres rezaban por sus hijas mientras estas parían niños. Todos aquellos que rezaban al Señor Ganesha tenían éxito en sus proyectos, y el nombre del Señor Ganesha era muy venerado.

Al final, los demonios de Tripura se alzaron en rebelión. Maldijeron el nombre de Shiva y amenazaron a Dioses y humanos. El Señor Shiva reunió a sus fuerzas, se despidió de su familia y se puso en camino. Sus fuerzas marcharon durante varios días, y el Señor

Shiva iba a la cabeza portando su tridente. Su poderoso carro avanzaba de camino a la batalla.

Un día, el Señor Shiva iba montado en su carro, reflexionando sobre la batalla que se avecinaba. ¡Crac! El carro se sacudió y se quedó en el sitio, haciendo caer al Señor Shiva de muy mala manera. Sus soldados se acercaron corriendo para ver lo que pasaba, y ¡ay! Uno de los clavos de la rueda se había partido en dos.

— ¡Ah! —dijo el Señor Shiva. —Es justo que me pase esto. Hace tiempo decreté que todos debían rendir homenaje a mi hijo para tener éxito. Hice caso omiso a mis propias palabras, y no le ofrecí mis respetos como hubiera debido hacer.

Acto seguido, el Señor Shiva le rezó al Señor Ganesha para triunfar en su propósito y se arrepintió de su falta de consideración. Los soldados del Señor Shiva arreglaron el clavo y prosiguieron su viaje.

Cuando llegaron a Tripura, los demonios eran muy numerosos y estaban soliviantados. Sus formas eran oscuras y terribles, y su desafío era determinado. El Señor Shiva y sus fuerzas lucharon valiente y decididamente, y cambiaron el curso de la batalla. Los demonios quedaron sometidos, y el Señor Shiva volvió a casa sano y salvo.

De este modo, el Señor Shiva aprendió a honrar sus propias palabras de la misma forma en que honraba a su hijo.

Capítulo 12: Las Diez Cabezas de Ravana

Había una vez un académico que era más erudito que cualquier otro. Se pasó años dominando los Vedas y los Shastras, y exploró los misterios del universo. Rasgueó la *vina* hasta que esta sonó como el trino de miles de pájaros. Escribió complejas obras sobre las estrellas que se movían en los cielos y la medicina necesaria para prolongar la vida. Estudió y aprendió hasta que no le quedaba ya ninguna teoría por dominar. Sin embargo, seguía siendo mortal y vulnerable, por lo que decidió pedir a los Dioses su bendición.

Meditó parado sobre un dedo de su pie, y aunque la lluvia lo golpeó de un lado y del otro, no se movió. Aun así, los Dioses estaban en silencio. Ayunó durante mil años, el tiempo suficiente como para olvidar el sabor de los alimentos y la frescura del agua. Sin embargo, su *tapasiá* no llegó a oírse. Al final, comenzó a cortarse sus cabezas, y con cada una, perdió una parte de sí mismo.

Se rebanó la primera cabeza, y con ella, sacrificó su *ahamkara*, su amor hacia sí mismo. La gran cabeza, con cabellos negros y apelmazados, rodó por el suelo y se detuvo a sus pies. Aun así, los Dioses permanecían en silencio. Otra cabeza brotó en su lugar, y Ravana alzó su espada para atacar de nuevo.

Se cortó la segunda cabeza, y eliminó su *moha*, su apego a la familia y amigos. Pero los cielos seguían en silencio, y una nueva cabeza brotó para reemplazar a la perdida.

Se cortó la tercera cabeza y se libró del amor hacia su ser perfecto, lo que le condujo al *paschyataap*, el arrepentimiento o penitencia.

Se cortó la cuarta cabeza y se deshizo de *krodha*, la rabia que causa daño a los demás.

Se cortó la quinta cabeza y se liberó de *ghrina*, el odio visceral.

Se cortó la sexta cabeza y soltó el *bhaya*, el terror a lo que es posible.

Se cortó la séptima cabeza y ofreció en sacrificio el *irshya*, el aguijón de los celos.

Se cortó la octava cabeza y abandonó el *lobha*, la codicia de posesiones.

Se cortó la novena cabeza y dejó ir el *kama*, el impulso de la lujuria.

Se cortó la décima cabeza y renunció a *jaddata*, la atracción de la inactividad y la inercia.

Al final, se amontonaban diez cabezas a los pies de Ravana, y este, exhausto, se sentó a descansar. No le quedaba nada más que ofrecer. El Señor Brahma apareció al lado de la pila de ofrendas magulladas. Saludó a Ravana con respeto:

—Ravana, he oído tus oblaciones y las acepto. ¿Buscas mi bendición?

—*Haan ji*, Señor Brahma —dijo Ravana, y se inclinó hasta tocar la tierra. —He buscado el poder en los Vedas y en los Shastras, y en el estudio superior. Sin embargo, aún sigo siendo vulnerable. Deseo hacerme inmortal y convertirme en uno de los Dioses.

El Señor Brahma le escuchó y suspiró, negando con la cabeza:

—Aunque tu penitencia y tus estudios fueron ambos profundos, Ravana, este don está más allá de lo que estoy dispuesto a ofrecer. No obstante, te haré una promesa que te ayudará en parte a paliar tu vulnerabilidad: ningún Dios ni demonio tendrá el poder de reclamar tu vida.

Ravana sonrió:

—Acepto esta bendición.

Y cuando hubo pronunciado estas palabras, las diez cabezas de Ravana volvieron a la vida y crecieron más fuertes y morenas que antes. Surgieron de sus anchos hombros, y le brotaron brazos para servirlas. Ravana tomó las armas y se convirtió en el rey de los *raksasas* (los antropófagos que asediaban al Señor Brahma durante el principio del mundo).

Y de este modo, Ravana se convirtió en el ser más terrorífico en cielo y Tierra, e hizo estragos en el hogar de los Dioses.

Capítulo 13: El Nacimiento de Rama

Ravana, el rey de los *raksasas*, tenía al mundo aterrorizado. Declaraba la guerra a los reinos mortales, asesinando a la gente y confiscándoles sus riquezas y sus tierras. Incluso angustiaba a los Dioses y les amenazaba con expulsarlos de su prominente posición, ya que el Señor Brahma le había prometido que ningún Dios o demonio podría matarlo nunca.

En vista de que los ataques de Ravana se extendían, los Dioses se reunieron en consejo ante el Señor Brahma. El Señor Indra, el Dios de lo más elevado del cielo y el forjador de tormentas, volvió su rostro a los demás:

—Hemos visto, oh seres divinos, el terror que causa Ravana, el rey de los *raksasas*. Ha destruido a nuestra gente y nuestros templos, y amenaza con destruir las bases del cielo mismo.

Los otros Dioses murmuraban entre sí. Su preocupación reventó como una ola sobre los pies del Señor Indra.

—Esta amenaza —prosiguió —desvela a todos los Dioses y demonios que no desean rendir homenaje a Ravana ni poner el mundo a disposición de sus ansias. Sin embargo, no tenemos la capacidad para herirle. El Sol bloquea sus rayos por miedo a Ravana. El fuego mismo se encoge con los pasos de Ravana. ¿Qué es, pues, lo que debemos hacer?

El Señor Brahma suspiró y se apenó por el sufrimiento de Dioses y hombres, ya que el Señor Brahma es el creador, y se preocupa mucho por sus creaciones.

—Es cierto que muchos están atribulados y sufren mucho en manos de Ravana. También es verdad que él está protegido por una bendición que buscó y de la cual está abusando.

Los Dioses gruñeron y bajaron la cabeza. El Señor Brahma reflexionaba en su fuero interno.

—Tal vez — continuó pensativo— aún debamos encontrar una manera de matar a Ravana y de acabar con su influencia. Aunque me suplicó que le diera mi bendición y mi protección, y aunque ni Dios ni demonio puede hacerle daño, un hombre nacido de mujer queda fuera de esas condiciones.

Entonces, los Dioses se llenaron de esperanza, ya que vieron que no todo estaba perdido. En ese preciso instante llegó el Señor Visnú portando su maza y su disco y vistiendo sus ropas de color azafrán. Su montura, el águila poderosa, aterrizó cerca del Señor Brahma. Los otros Dioses le hicieron una reverencia y le dieron la bienvenida alegremente.

— ¿Por qué, mis amigos, hay alguien aquí rezándome? ¿Qué trabajo hay aquí que yo pueda hacer por el mundo?

Los Dioses le contaron sobre su ansiedad y la depravación de Ravana. El Señor Visnú frunció el ceño de preocupación.

—Señor Brahma, he oído hablar del acoso de Ravana y del horror de sus pillajes. Bajaré a la Tierra y me transformaré en hombre. Así someteré a Ravana y terminaré el azote de sus atrocidades.

Los Dioses se regocijaron de nuevo al ver como sus esperanzas aumentaban. Ciertamente, el Señor Visnú, el gran *Madhava* y protector de mundos, podía librarles de las vejaciones de Ravana.

Acto seguido, los *Maruts*, los vientos, le llevaron noticias a Indra.

—Un gran rey de los hombres suplica tener un hijo —dijeron. —Este rey, Dasaratha, desea que Brahma, el creador de todo, le brinde conocimientos y su bendición.

El Señor Brahma asintió con aprobación.

—El Señor Visnú descenderá a la familia de Dasaratha y le bendecirá con cuatro hijos. Estos hijos defenderán tanto el cielo como el mundo, y acabarán con Ravana y sus ejércitos.

El Señor Visnú aceptó con una reverencia. Los Dioses enviaron un mensajero a Dasaratha, que no cabía en sí del gozo de acoger a un hijo tan honorable. Para preparar a sus esposas a dar a luz a los niños sagrados, los Dioses enviaron una vasija llena de néctar sagrado. La reina Kausalya se tomó la mitad, y la reina Sumitra y la reina Kaikeyi tomaron un cuarto cada una.

De esta forma, la reina Kausalya concibió y dio a luz a Rama, el héroe del mundo.

Capítulo 14: El Sueño de Urmila

Rama, el hijo de Dasaratha y Kausalya, se convirtió en un gran conocedor de la guerra y la sabiduría. Llegó el tiempo en que Dasaratha tenía que escoger entre sus hijos y decretar quién de ellos debía sucederle en el trono y liderar al pueblo de forma pacífica. Manthara, la dama de compañía de Kaikeyi, relató historias oscuras y truculentas de traición y destrucción que sucederían una vez que Rama fuera coronado. Kaikeyi y su hijo, Bharata, debían recibir tal honor, dijo. Si deseaba librarse de su destrucción y de la de su estirpe, debía colocar a Bharata en primer lugar, antes incluso de Shatrughna y Lakshman. La joven reina compareció ante el rey Dasaratha.

—Mi Señor —dijo, y en su corazón resonaban las palabras torcidas de Manthara, —hace muchos años, me prometiste un favor que nunca recibí. Te lo pido ahora. Coloca a Bharata en el trono para que pueda ser el rey después de ti y liderar a nuestro pueblo de manera pacífica.

El rey Dasaratha se apenó porque su corazón deseaba ardientemente nombrar a Rama y pasarle el liderazgo.

— ¿Me pedirías ese favor incluso sabiendo que me causaría mucho dolor concedértelo?

La reina Kaikeyi no retiró su petición debido a los susurros de Manthara, por lo que el rey se vio obligado a mantener su palabra.

Como era de rigor, Bharata fue coronado rey, y mandaron a Rama al exilio durante catorce años. Atormentado por su promesa, el rey Dasaratha se murió con el corazón roto. Bharata se negó a gobernar y, en su lugar, colocó las zapatillas de seda de Rama en el trono como anticipación al día en el que el verdadero rey volvería para bendecir al pueblo.

Todos se apenaron cuando se enteraron de las consecuencias de las malvadas palabras de Manthara. Rama le contó las tristes noticias a su adorable esposa, Sita.

—Mi amor —dijo él, —debemos abandonar las riquezas y los privilegios del palacio de mi padre, pues me veo obligado a obedecer sus órdenes. Viviremos en la jungla, en el exilio, hasta que podamos regresar una vez más a nuestro hogar en Ayodhya.

Sita sonrió, y su belleza brilló como el sol. Besó a su esposo.

—No tengo miedo —dijo ella. —Marcharé contigo.

Más tarde, Lakshman, el hermano de Rama, le lloró con una pena aún más profunda. No quería separarse de Rama, ni siquiera en el exilio.

—Deseo protegerle si puedo —le dijo Lakshman a su esposa. —Al menos, podré mantenerle a salvo de algunos de los peligros de la jungla si le acompaño al exilio.

—Entonces, ve con él —le dijo Urmila, la esposa de Lakshman. —Es honorable defender al hijo de Kausalya, y aún más honorable unirse a él tanto en sus tribulaciones como en sus placeres.

—Pero, ¿cómo le protegeré de lo perjudicial? —preguntó Lakshman. —Solo soy un hombre, y los peligros de la jungla no descansan.

—Dormiré por ti —dijo Urmila —para que puedas dedicarte día y noche a proteger a Rama y Sita.

Lakshman le dio un beso de gratitud a su esposa e hizo los preparativos para su partida. Cuando el hijo de Kausalya dejó su hogar en Ayodhya, Lakshman partió con ellos, despidiéndose de su fiel esposa.

Así, fue el guardián de Rama y Sita durante catorce años, y pasó junto a ellos por la jungla, el peligro, el combate y la muerte; y durante catorce años, Urmila durmió en su sofá de Ayodhya para que su esposo pudiera cumplir con su cometido.

Capítulo 15: El Ciervo del Engaño

Durante muchos años, Rama vivió en la jungla con su amada Sita y su hermano, Lakshman, esperando regresar a Ayodhya y recuperar la corona que le pertenecía de pleno derecho. Recogían fruta de los árboles y hacían cestas con sus hojas. Rama y Sita pasaban los días felizmente en mutua compañía, y pasaban las noches bajo la atenta vigilancia de Lakshman, el cual les custodiaba fielmente. Su amigo, Jatayu, el águila, también vigilaba para ellos.

Una vez transcurrido poco más de trece años, Sita se fue un día a por agua y se dio cuenta de que había un ciervo misterioso. Sus cuernos brillaban, y su pelaje moteado lanzaba destellos dorados. Sita trató de seguirlo, pero el ciervo se escabulló y se alejó.

—Rama —dijo Sita, regresando con el jarro de agua y señalando a los árboles, —hay un ciervo de oro corriendo por la linde del bosque. Es hermoso, y su pelaje brilla como oro bruñido.

Rama miró hacia los árboles y descubrió al ciervo pastando cerca de sus raíces. El corazón le dio un vuelco, y frunció el ceño.

—Ese ciervo no me da buena espina, mi Sita. Mi corazón se incomoda por verlo aparecer tan cerca de nuestra casa y por tentarte a seguirlo.

— ¿Pero no es, acaso, hermoso? —insistió Sita. —Deseo que lo caces para mí.

Rama titubeó.

—A mí tampoco me gusta, Señor Rama —dijo Lakshman, mirando al ciervo por el rabillo del ojo con su arco al hombro, siempre listo para defender a Rama y a Sita. —Mi corazón también se conturba cuando observo su belleza, por muy grande que esta sea.

Sita suspiró y miró al ciervo con anhelo. No había pedido tener riquezas ni privilegios en su exilio, aunque era reina entre las mujeres. Rama observó a su esposa y le dolió verla decepcionada. Se olvidó de la advertencia de su corazón y se propuso solamente complacer a Sita.

—Conseguiré el ciervo —dijo, colocándole la cuerda a su arco — para complacer a Sita y traerle un regalo. Si hay algo de maldad en este ciervo, es mi deber ocuparme de ella.

Lakshman se fue a acompañar a Rama para protegerle en el bosque. Rama le tomó de la mano.

—Quédate, mi hermano, mientras yo busco a este ciervo. ¿Dejaría yo aquí a Sita sola y desprotegida?

—Es mi deseo acompañarte —dijo Lakshman, observando todavía al ciervo misterioso. —Tengo miedo de la selva y de la tentación de esta criatura dorada.

—Te lo agradezco, mi hermano —dijo Rama, —pero mi vida está vacía si mi Sita no está segura. No me aventuraré muy lejos, y volveré muy pronto.

Acto seguido, Lakshman, lleno de recelo, montó guardia en el exterior de la casa de campo de Rama y Sita, y Rama persiguió al ciervo en la espesura. El ciervo se marchó veloz por entre los árboles y rodeando las raíces retorcidas, esquivando los tiros de Rama e internándolo cada vez más en el bosque. Finalmente, Rama lanzó un venablo que le acertó al ciervo, y este se desplomó sobre el suelo.

Sin embargo, cuando Rama se acercó, el ciervo se le reveló como Maricha, el demonio, el cual se rió de Rama por su engaño:

— ¡Ja! ¡Príncipe de Ayodhya, tienes menos sentido común que un escarabajo! Mi trabajo ha llegado a buen término, y has perdido a tu preciosa Sita.

Antes de que Rama pudiera contestar, Maricha gritó con la voz de Rama:

— ¡Ayuda! ¡Ayuda! ¡Me muero! ¡Oh, Sita! ¡Oh, Lakshman!

En la casa de campo, los gritos de Maricha se hundieron en el corazón de Sita.

— ¡Oh, mi esposo! —gritó. — ¡Ve, Lakshman, y socórrele si no quieres que se muera solo en la oscuridad de la jungla!

—No hay nadie que pueda hacer daño a Rama cuando va armado con *manavastra*, su arco mágico —dijo Lakshman, pese a que se veía la preocupación en su rostro.

Sita no quedaba tranquila con esto.

— ¡Oh, ve rápido, Lakshman, si no quieres que pierda a mi esposo y mi reino!

En contra de su voluntad, Lakshman la obedeció y partió para la jungla. Entonces, Sita se quedó sola, y fue presa de sus preocupaciones.

— ¡Oh, mi marido, mi Rama! ¡Si tan solo estuviera a salvo!

Rezó muchas oraciones dentro de la casa de campo, esperando a que Rama y Lakshman volvieran. El sonido de sus pasos llegó a sus oídos, y corrió hacia la puerta. Solo se trataba de un pobre mendigo que deseaba pidiéndole limosna a la bella princesa. Sita suspiró decepcionada, pero entró corriendo en busca de algo que poderle dar al mendigo.

Mientras ella le ponía la limosna en la mano, él la agarró por el brazo con el apretón de la muerte. Ella gritó y forcejeó, pero Ravana, el cual se había disfrazado de mendigo, simplemente se rió y la metió de un estirón en su carruaje volador.

—Ahora serás mi esposa, y no la de un pobre mendigo que ni puede preservarte ni protegerte.

— ¡Oh, Rama! ¡Oh, Lakshman! —gritaba Sita mientras partía volando por los aires.

El águila Jatayu trató de impedirlo, pero Ravana lo derribó. Sita, llorando, fue trasladada a Lanka, la isla de Ravana, y Rama se pasó muchas noches buscándola y lamentando su ausencia.

Así pereció Maricha, el demonio embaucador que engañó a Rama y ayudó a Ravana.

Capítulo 16: La Antorcha de Hanuman

Todos quedaron horrorizados con el cautiverio de Sita. Los pájaros chillaban en sus jaulas y contaban historias sobre su belleza y su rapto. Los monos y los osos ayudaron a Rama en su búsqueda, mirando en las montañas, los ríos y sobre las colinas y tratando de hallar a Sita. Incluso Hanuman, hijo de Vayu, ayudó a Rama. Fue él quien encontró a Sita al final en la fortaleza de Ravana como su prisionera.

Hanuman, hijo del viento, estaba en el ejército de Rama y observaba hacia el otro lado del mar, hacia la isla de Lanka. Allí se encontraba la fortaleza de Ravana, y allá también se encontraba Sita, presa en algún lugar de su interior. ¡Cómo ansiaba Rama estar con su esposa! Buscaron durante muchos días y noches sin comer ni descansar, y ahora, un océano infranqueable les separaba a él y a su Sita.

Hanuman quedó conmovido de pena por Rama.

— ¡Oh, si pudiera ir a buscar a Sita atravesando las olas! ¡Con qué alegría cruzaría para ayudarla en nombre de Rama!

Jambavantha, el rey de los osos, habló:

—Hanuman, te has olvidado de tu patrimonio y habilidades. Cuando eras un niño, los sabios echaban pestes de ti porque les distraías de sus meditaciones. Para preservar su paz, te maldijeron a ser olvidadizo. Eres hijo de Vayu, el viento, y puedes volar como él si así lo deseas.

En ese momento, se levantó la maldición que pesaba sobre Hanuman, y el recuerdo de sus habilidades resurgió en él. Saltó de la orilla con un grito y se alzó sobre las olas en dirección a la fortaleza de Ravana.

Aterrizó cerca de las puertas y se abrió paso ante el guardia de la puerta, pero no pudo encontrar por ninguna parte a Sita, a la cual solo conocía por su descripción. Pasó junto a las bellezas de la corte de Ravana. Sita no estaba allí. Pasó por salones de banquete y oscuras mazmorras. Sita tampoco estaba allí. Desesperado, Hanuman saltó de árbol en árbol por los jardines. Un sonido de llanto llegó a sus oídos. Bajo los árboles cuajados de flores, se hallaba Sita, flaca por la preocupación y el dolor de su cautiverio. Lloraba por Rama hasta cuando los fieros demonios la hostigaban y abusaban de ella.

Esta escena rompió el corazón de Hanuman. Esperó al momento oportuno, y entonces, se acercó a Sita:

— ¡Hermosa princesa de Mithila, mantén la esperanza! El momento de tu liberación se acerca.

Pero Sita se apartó de él. Sabía muy bien de los tormentos y los falsos ánimos de los sirvientes de Ravana, y tomó a Hanuman por uno de estos. Pero Hanuman estaba decidido a servirla, si le era posible. Dejó caer un anillo brillante en la mano de Sita.

—Mira, hermosa Sita, el anillo que te doy de parte de tu fiel esposo, Rama. Lo he traído como muestra de su adoración y de la autenticidad de mi papel de mensajero suyo.

En ese momento, Sita sonrió y se limpió las lágrimas. Le dio las gracias a Hanuman por consolarla en su angustia. Los demonios que la vigilaban regresaron en ese instante y se pelearon con Hanuman.

Sita gritó y rezó para protegerle. Hanuman peleó con valentía pese a que sus enemigos le superaban en número, y les causó mucha ansiedad a los demonios. Al final, lo apresaron y lo llevaron ante Ravana.

Hanuman casi pudo admirar al sabio de diez cabezas; tan grande y maravillosa era su corte. Luego, pensó en el dolor de Rama, y en la cara llena de lágrimas de Sita.

— ¿Qué estás haciendo aquí, espía? —le preguntó Ravana con un gruñido. — ¿Vienes en calidad de emisario de Indra?

—No —dijo Hanuman con atrevimiento. —Vengo de parte de Rama, el príncipe de Ayodhya, a cuya esposa has raptado cometiendo el más abyecto de los delitos. En su nombre, te exijo que se la regreses.

— ¿Rama? ¡Ja! —se rió Ravana. —Le he arrebatado lo que me merezco, y no reconozco ninguna de las reclamaciones de un príncipe de los hombres.

—Entonces, enfréntate a tu propia destrucción —dijo Hanuman. —pues, aunque eres inmune tanto a Dioses como a demonios, un hombre todavía puede matarte, y Rama seguro que lo hace a menos que le regreses a su esposa.

Ravana dispuso la muerte de Hanuman. Los consejeros de Ravana le recomendaron de una forma muy enfática que no siguiera llevara a cabo algo con unas consecuencias tan imprevisibles.

—Muy bien —dijo Ravana. —Le daré un castigo de acuerdo con su condición. Los monos tienen su cola en alta estima. ¡Quemadla!

Los crueles demonios aullaron de alegría y se apresuraron a cumplir con la malvada orden. Envolvieron la cola de Hanuman con materiales inflamables y lo arrastraron por las calles, burlándose de él y de su misión. En ese momento, la oración de Sita intervino a favor suyo. Aunque quemaron su cola, el calor no le causó daños. Las llamas danzaron y brillaron, pero no lo consumieron. Acto seguido,

Hanuman hizo crecer su cola de nuevo hasta que chisporroteaba tan vivamente como una antorcha.

"Dejaré la marca de Rama", pensó, "y haré caer un castigo sobre ellos".

Acto seguido, Hanuman saltó a los tejados, escapándose de sus captores. Saltó de alero en alero, pasando su cola sobre las casas y los árboles. La ciudad quedó sumida en llamas hasta que todo menos la pérgola de Sita quedó invadido por el humo. Luego, Hanuman metió su cola en el océano, y las olas apagaron las llamas.

Así fue como Hanuman prendió fuego a Lanka y le llevó el ultimátum de Rama a Ravana, el secuestrador de Sita.

Capítulo 17: Suvannamachha Roba un Puente

Cuando Hanuman regresó, le contó a Rama sus hazañas y por qué había humo flotando en el horizonte. Le informó al príncipe que Sita estaba segura y que Ravana no la iba a liberar por ningún precio ni aunque se le persuadiera. Rama se apenó. Sin embargo, los ejércitos del rey Jambavantha y los hermanos de Hanuman clamaban justicia, y tanto el humo de la devastada Lanka y los gritos de sus amigos infundieron ánimos en el corazón de Rama.

—Debemos rescatar a mi amada y liberarla de su tormento —dijo Rama. — ¿Pero cómo

podemos atravesar esta gran masa de agua? No tenemos barcos para navegar, y hay demasiada distancia como para cruzar a nado.

—Señor Rama, solicita a Varuna —le sugirió Lakshman. —Seguro que el señor del océano nos escucha y nos ayuda a abrirnos paso.

Y así, Rama rezó, pero Varuna no escuchó sus oraciones por miedo a Ravana. Tras varios intentos de convencerle, Varuna les ofreció los servicios de un arquitecto que servía en su ejército. Nala podría construir un puente para trasladar el ejército de Rama a través de las olas. Bajo las directrices de Nala, las tropas arrancaron árboles de raíz y piedras, y los lanzaron al mar. Una multitud de osos arrojó bloques de piedra al mar para crear la base del puente. Una a una, las rocas se sumergían en las olas, levantando los cimientos a una mayor altura.

Tras un día de arduo trabajo, los ejércitos se dieron cuenta de una tendencia inquietante. No importaba cuántas rocas se sumergieran bajo las olas: la construcción del puente no progresaba. Los osos buscaron bloques de piedra más grandes, y los monos arrancaban de raíz árboles más grandes, pero el puente no avanzaba.

—Aquí hay truco —dijo Lakshman observando a las olas. —Algo se agita en las profundidades.

Hanuman dio un paso al frente.

—Envíame bajo las aguas, Señor Rama —dijo. —Buscaré al tramposo y retiraré las barreras.

El Señor Rama accedió, y Hanuman marchó hacia las olas. Se abrió paso por el agua, nadando cada vez más y más profundo, hacia el fondo del océano. Al final, vio movimiento en las profundidades y se escondió tras una roca para observar.

Una tropa de encantadoras sirenas aleteaba cerca de la base del Puente. Cada vez que un nuevo bloque de piedra descendía a las profundidades, la empujaban lejos. Una sirena que era todavía más hermosa que sus compañeras observaba el proceso, dirigiendo sus esfuerzos.

"¡Vaya!" pensó Hanuman enfadado. "El puente no avanza debido a estas compinches, a las que sin duda Ravana ha enviado para evitar que Rama cruce".

Hanuman salió de detrás de su roca como una exhalación y nadó hacia la más bonita, dispersando a las demás en su camino.

Mientras la seguía, Hanuman reparó en los encantos de las sirenas: la caricia de su cabello a la corriente y los destellos de luz de sus ojos, que eran como el Sol sobre el mar.

— ¿Quién eres? —le preguntó, espoleado por las punzadas del amor y olvidándose del puente por un momento.

— Suvannamachha —le contestó, y su voz era como el tintineo de campanas. —soy la hija de Ravana.

En ese instante, Hanuman se acordó de su misión y los obstáculos a los que se enfrentaba su ejército a causa de su entrometimiento:

—Aunque mi corazón te desea, hermosa sirena, tengo que realizar una labor más seria. Ravana ha capturado a la esposa de Rama y la tiene presa en Lanka. Es para rescatarla por lo que construimos este puente.

Suvannamachha se apenó por las fechorías de su padre y bendijo la construcción del puente. Sus sirenas colocaron en su lugar las rocas que habían retirado, y el puente volvió a progresar. Hanuman se quedó con ella por un breve tiempo antes de regresar a la superficie. Cuando Suvannamachha se despidió de él, sus ojos correspondieron a su amor.

—Adiós, hijo de Vayu, el más hermoso de la raza de los monos. Mis ayudantes y yo custodiaremos el puente desde abajo para que nadie retrase más su avance.

Entonces, Hanuman regresó a la orilla, y el Señor Rama le felicitó por su éxito. Incluso después de ese momento, el corazón de Hanuman siguió recordando la voz de la bella de debajo del mar.

Cinco días después, el puente alcanzó Lanka, y el ejército pudo pasar por fin a tierra firme.

Así fue como se construyó *Rama Setu*, el Puente de Rama, con la ayuda de Suvannamachha, la hija de Ravana.

Capítulo 18: Hanuman Mueve una Montaña

Cuando los osos y los monos llegaron a Lanka, golpearon las murallas de la ciudad con sus puños.

— ¡Ja! —dijo el poderoso Ravana, y su boca se abrió como una enorme grieta. —No me dan miedo estos monos. Me quedaré con Sita en calidad de esposa, aunque me cueste la ciudad de Lanka y todo lo que ella contiene.

Sus generales y consejeros vieron a los osos y los monos asaltar las murallas, y sus nervios temblaban con las piedras que se sacudían.

— ¡Regresa a Sita, Gran Señor! —gritaban. —Los buitres ya están volando en círculos sobre tu capital. Los hados predicen tu caída. ¡Deshaz lo que hiciste mal y salva tu bella ciudad!

— ¡Silencio! —gritó Ravana. —No regresaré a Sita, después de todo lo que he sacrificado para conseguirla. ¡Destruiré a Rama y a sus ejércitos con tanta facilidad como la del viento cuando arranca las hojas de los árboles!

Los consejeros de Ravana temblaron y permanecieron en silencio. Vibhishana, el hermano de Ravana, vio que prestaba oídos sordos a los buenos consejos, y siguió al *dharma* al campamento de Rama para buscar refugio en él. Pero a Ravana no le importó. Casi enloquecido por su deseo por Sita y limitado por la maldición de Brahma, se retorcía por el rechazo de ella, y no pensaba en nada más.

Cuando las fuerzas que había fuera de las puertas gritaron pidiendo guerra, Ravana se preparó para proporcionársela. Envió a sus mayores generales. Indrajit se dirigió a la batalla en su carro de guerra seguido por su hermano, Prahasta. Trishira marchaba adelante sin miedo, con sus tres cabezas maldiciendo a Rama y a Lakshman por su osadía.

En el momento en que las dos fuerzas chocaron entre sí, el ruido fue como de montañas que se derrumbaban las unas sobre las otras. *Raksasas*, monos y osos clavaban sus garras y arrancaban miembros a sus enemigos, llenando el campo de batalla de muertos y heridos. Entraban en la *meléc* en el nombre de Ravana Dhumraksha, Akampana y Kumbhakarna, y sus pasos hacían trepidar el suelo. Sin embargo, Hanuman, Angada, Nila y Nala devolvían las flechas de los malditos, y masacraban a los generales de Ravana uno a uno. Fue tan cruenta la batalla que Rama y Lakshman cayeron derribados. Al final, las fuerzas se retiraron, y los ejércitos se quedaron a identificar a los caídos.

Entre los heridos, las fuerzas de Rama hallaron a Jambavantha, el rey de los osos.

— ¡Hanuman! —gritó. — ¿Dónde está Hanuman?

— ¿Cómo llamas a gritos a Hanuman antes de preocuparte por la seguridad de Rama? —le preguntó Vibhishana.

—Solo Hanuman puede salvar a Rama y a Lakshman, ya que si yo he caído, seguro que ellos también lo han hecho.

Entonces, llamaron a Hanuman y este compareció ante el rey de los osos.

— ¿Qué necesitas, buen rey? —le preguntó. —Rama y Lakshman están heridos, y yo los ayudaría si pudiese.

—Escucha —dijo el rey. —En el Himalaya hay una montaña llamada Mahodaya, hogar de curación y de dulces hierbas. En sus faldas, encontrarás muchas hierbas creciendo, mecidas por el aliento del cielo. Vuelve con ellas rápido para que podamos curar a Lakshman y a Rama.

Con un potente grito, Hanuman saltó hacia el cielo. Rápido como el viento, rozó las copas de los árboles de los extensos bosques y dio brincos por las arenas de los vastos desiertos. Hizo una reverencia cuando pasó cerca del Monte Kailash, el hogar de Shiva, pero partió demasiado rápido como para hacerle mayores homenajes. Al final, los dedos de sus pies tocaron la montaña encantada. Y ¡oh maravilla! Miles de plantas cubrían la falda de la montaña. ¿Cuáles eran las que podrían curar a Rama y a Lakshman? Hanuman saltó de flor en flor, oliendo una detrás de otra.

— ¡El príncipe de Ayodhya sufre, y no puedo ayudarle!— exclamó Hanuman. — ¡Monte Mahodaya, ayúdame en mi búsqueda!

Sin embargo, la montaña guardó silencio. Las palabras de Hanuman resonaron en las rocas y regresaron de un salto a su rostro.

— ¡Que así sea! —gritó. — ¡Si no me ayudas, te llevaré conmigo!

Entonces, Hanuman agarró la cima de la montaña y la sostuvo como un plato, atravesando de nuevo desiertos y bosques hasta llegar a la isla de Lanka. Tan pronto como la cima de la montaña pasó por encima del mar, las brisas soplaron sobre los príncipes heridos y curaron sus heridas. Asimismo, Jambavantha y los demás guerreros de las fuerzas de Rama recuperaron fuerzas y alabaron la gran hazaña de Hanuman.

Y así fue como Rama y Lakshman se salvaron y como se retiró la cima del Monte Mahodaya.

Capítulo 19: La Batalla Final

Uno a uno, los grandes generales de Lanka fueron derrotados. Los compañeros de Ravana perecieron bajo las flechas de Rama. La lanza de Lakshman hizo caer a sus hijos muertos. Cuando Indrajit y su magnífico carruaje fueron vencidos, la ira de Ravana no conoció límites. Destrozó los tapices de las paredes y tiró el oro y las joyas de sus apliques. En su furia, se colocó la armadura y la espada y fue a quitarle la vida a Sita, la mujer por la que había sufrido tanto.

De camino a su pérgola, se encontró con uno de sus consejeros, quien le sugirió lo siguiente:

—Señor Ravana, todavía hay tiempo y ocasión de vengar a tus hijos y a tus compañeros de batalla. Los príncipes de Ayodhya siguen vivos, esperando a recibir tu ira.

El destino del enojo de Ravana cambió de Sita a Rama y a su ejército.

—¡Profanan las costas de Lanka con sus pies y provocan mi ira con su osadía! —gritó. —Bajaré y acabaré con ellos personalmente.

El gran carro de Ravana avanzaba como una lengua de fuego, y los osos y monos se acobardaban ante él. Rama lo vio llegar y lo llamó desde el otro lado del campo llano de lanzas astilladas y enemigos destrozados.

— ¡Ravana! —le dijo, blandiendo su arco. —Has venido a recibir un castigo por tu horrenda fechoría, el secuestro de mi esposa. Pero no solo esto pende sobre ti. Los frutos de tu ira, los atropellos a los sabios y a los Devas, aún no han hallado su respuesta. Hoy te ha llegado el turno de pagar tus cuentas, y su ajuste será rápido.

Ravana lanzó su desprecio a la cara de Rama con una carcajada.

—No temo a ningún Dios ni a ningún Deva, puesto que ninguno puede hacerme daño. En cuanto a Sita, solo me he llevado lo que me merecía, ya que la encontré sola y sin la custodia de aquellos que debían haber sido sus protectores. Ella es mi conquista, y la reclamo como mía.

El corazón de Rama se retorció de pena e indignación, pero le contestó calmado:

—No soy ni Dios ni Deva, sino un hombre; un hombre al que le han arrebatado a su mujer. Ya que no me la vas a regresar, te dejaré que te pudras aquí y saldré a buscarla por mi cuenta.

En ese instante, se le heló a Ravana la sangre en las venas, y se dio cuenta de lo astutamente que había sido engañado y de cómo su orgullo le había guiado a ciegas. Sin embargo, no se amedrentó, ya que pensar en Sita y en la agonía de la derrota lo abrumaba.

—Entonces ven —gritó, —y encuentra tu muerte.

Ravana saltó de su carro y le ordenó a su conductor que le pasara a Rama por encima. Hanuman saltó al costado de Rama.

—Si te parece bien, Gran Señor —dijo humildemente, —móntate a mis espaldas para que el rey de los demonios y tú podáis luchar en pie de igualdad.

Rama le bendijo y partió a la batalla a lomos de Hanuman. El conflicto sacudió la isla de Lanka. Las *astras*, las armas de los Dioses, resonaban a medida que Rama y Ravana propinaban golpe tras golpe a la cabeza de su oponente. El arco de Rama cantaba mientras lanzaba flecha tras flecha a las cabezas de Ravana, y la espada de Ravana chocaba buscando el corazón de Rama. Sin embargo, no importaba cuantas flechas lanzara Rama: las cabezas de Ravana crecían de nuevo y se multiplicaban, y él seguía luchando.

—Gran Príncipe —dijo Hanuman, cansado de correr por todo el campo de batalla, —recuerda que Ravana esconde el néctar de la inmortalidad en su ombligo y que solo el tiro de un hombre puede derramarlo.

Entonces, Rama sacó su flecha más poderosa y la colocó en su arco. Con su aliento, encogió el universo, y con su cuerda, lo liberó. La poderosa flecha dio en el blanco, y el néctar de la inmortalidad se derramó del ombligo de Ravana. Cayó con un grito, y su caída estremeció a toda la tierra.

De esta forma, Rama derrotó a Ravana, el rey demonio de los *raksasas*.

Capítulo 20: La Pureza de Sita

Tras la caída de Ravana, el ejército de Rama lo celebró. Los monos saltaban por los aires, y los osos cantaban: "¡Victoria para Sri Rama! ¡Victoria para Sita, la esposa de Sri Rama, liberada de su cautiverio!".

En ese momento, Rama se acordó del encierro de Sita y de la lujuria de Ravana, y su corazón se quedó frío. Las palabras de Ravana resonaron en su mente, y su corazón se quedó todavía más frío.

—Traedme a Sita —le dijo a Hanuman; y el mono se quedó sorprendido por su tono. —Que venga adonde estoy a pie.

Vibhishana guió a Sita desde la ciudad. Estaba demacrada y delgada por sus padecimientos, pero sus ojos brillaban de adoración. Sita, la princesa de los ojos de loto, corrió hacia Rama, pero él miró hacia otro lado.

—Has estado durante muchos meses en la casa de un extraño, y por lo tanto, para mí eres una extraña. Te libero de tus votos matrimoniales, y le dejo para que te vayas a buscar otro marido.

Los monos contuvieron la respiración, y los osos gimieron y se taparon los ojos. Incluso Sugriva, el rey sediento de justicia, se contuvo y sintió una profunda pena. Los ojos de Sita se llenaron de lágrimas:

— ¡Oh, mi esposo, mi Rama! ¿Cómo puedes acusarme de tales cosas? Ravana me tocó contra mi voluntad mientras estuve secuestrada, y le aborrecí y desprecié durante todo mi cautiverio. ¿Cómo puedes dudar de mi adoración hacia ti?

Sin embargo, Rama seguía apartando la mirada, y sus labios se comprimieron en una línea tan rígida como la del horizonte. En ese momento, el corazón de Sita se rompió, y sus lágrimas se derramaron de sus ojos, corriendo por sus mejillas perfectas.

—Lakshman —dijo ella, dejando que la pena hablara por ella, — constrúyeme una pira para que me prenda fuego. Si Rama no me toma como su esposa, entonces mi vida no sirve para nada, salvo para acabar con ella.

En ese momento, Lakshman miró suplicante a Rama, su hermano, rogándole por Sita con sus ojos. Aun así, Rama permaneció en silencio y asintió con la cabeza para concederle permiso. Lakshman construyó la pira y le prendió fuego. Las llamas lamían los troncos con avidez. Sita se dirigió a los osos, monos y generales allí reunidos.

— ¡Escuchad mi testimonio! —exclamó acercándose a la pira. —Si soy impura e infiel a mi marido, las llamas me consumirán, y ni él ni yo sufriremos ya más.

— ¡Oh Sita! —gritaron los osos, y sus lágrimas cubrieron el campo ensangrentado.

— ¡Oh Sita! —gritaron los monos, y sus chillidos reverberaron en los cielos.

Lakshman cayó de rodillas y lloró, y Hanuman ocultó su rostro. Sin embargo, Rama seguía callado, aunque su corazón le dolía por dentro.

Sita saltó dentro la pira, y las llamas prendieron en ella. Entonces, el corazón de Rama se rompió, y las lágrimas se derramaron de sus ojos. Los sollozos le partían el pecho, y se cayó al suelo de pura desesperación.

En ese momento, los Dioses bajaron y Brahma en persona sacó a Sita de las llamas. Su cabello brillaba esplendoroso, y sus ojos ardían de amor y pureza. Brahma la colocó ante Rama.

—Observa a tu esposa, Señor Rama. Es tan pura que el fuego no tiene la capacidad de consumirla. Acéptala junto a ti sin miedo ni aprensión. La separación ha terminado.

Entonces, Rama corrió hacia Sita y la tomó en sus brazos, y la llamó su esposa.

Así fue puesta a prueba Sita, y así demostró tener un valor mayor que el del poder del fuego.

Capítulo 21: Krishna Roba Mantequilla

Hace muchos años, Devaki dio a luz a un bebé varón, y le puso por nombre Krishna. Para esconderlo de su tío, Devaki se lo envió a Yashoda, quien lo cuidó como si fuera su hijo. Krishna amaba a Yashoda como su madre, pero no siempre la obedecía.

Una vez, cuando ya era un niño pequeño, Krishna robó un trozo de mantequilla. ¡Qué dulce! ¡Qué rica! Su lengua infantil deseaba más. Comenzó a deslizar pequeños trozos de mantequilla en su plato durante las comidas, y se colaba en la cocina durante el día para saborear su nueva comida favorita. Poco tiempo después de ello, no quedaba mantequilla en la casa, ya que Krishna se la había comido toda.

Yashoda se rió y suspiró a la vez, ya que era imposible enfadarse con un niño tan atrevido y adorable.

—Krishna —le dijo, moviendo el dedo de un lado a otro, —no está bien comerse toda la mantequilla, porque entonces, ya no nos queda nada para cocinar. Por favor, aléjate de la mantequilla.

Pero las palabras de Yashoda no aplacaron el gusto de Krishna por la mantequilla. Muy pronto comenzó a robarle mantequilla también a los vecinos, y al final, a todos los ciudadanos de Vrindavan. Llamaron a la puerta de Yashoda, y ella escuchaba sus quejas.

— ¡Krishna se ha comido mi mantequilla, y ya no tengo nada para mi pan! —exclamaba el panadero, con su cara llena de harina.

— ¡Krishna se ha comido mi mantequilla, y ya no tengo nada para preparar mi pescado! —exclamaba el pescador, con el agua del mar corriéndole codos abajo.

— ¡Krishna se ha comido mi mantequilla, y ya no tengo nada para mis hijos! —exclamaban las madres con los rostros abatidos y los dedos temblorosos.

Yashoda suspiró, ya que estaba cansada de la adicción traviesa de Krishna a la mantequilla. Propuso una solución astuta:

—Para mantener la mantequilla lejos de Krishna, colocadla en una jarra y atadla donde él no pueda alcanzarla. Así la mantequilla estará segura, y Krishna no podrá robarla.

La gente de Vrindavan hizo caso a Yashoda y colgó jarras en lo alto de sus cocinas. Muy pronto, Krishna no tenía ninguna fuente de mantequilla donde poder saciar su glotonería, y se sintió muy indignado.

Un día, Yashoda se fue de casa para hacer un recado.

—Juega con cuidado hasta que yo vuelva —le dijo, —y te daré una golosina.

Tan pronto como ella se fue, el bribón de Krishna reunió a todos sus amiguitos. Señaló a la jarra que colgaba por encima de sus cabezas.

—Ahí, muy por encima de nosotros, hay una jarra con mantequilla. Si colaboramos, podremos cogerla y disfrutar juntos de ella. No tenemos que esperar a que vuelva Yashoda.

Los amigos de Krishna aplaudieron y accedieron a ayudarle. Formaron un puente con sus bracitos y piernecitas, y Krishna los usó como una escalera para subir a por la mantequilla. ¡Ah, qué rica y qué dorada! ¡Ah, la golosina más dulce! A los niños les gustó mucho, y limpiaron cada cucharada con la lengua para luego volverla a hundir en la jarra. Como estaban riendo por su victoria, no oyeron que Yashoda había vuelto. Ella vio a los niños con la jarra de mantequilla y las cucharas sucias y se llevó las manos a la cabeza.

— ¡Krishna! —gritó. —Me has desobedecido y has convencido a tus amigos para hacer trastadas. Te voy a castigar.

Los amigos de Krishna le abandonaron y salieron corriendo de la cocina, dejando sus cucharas y conciencias sucias atrás. Entonces, Yashoda tomó a Krishna y le dio unos azotes para castigarle por robar la mantequilla y por ser una mala influencia para sus amigos.

Así, el Señor Krishna aprendió a las malas a obedecer a sus mayores y a honrar a sus amigos.

Capítulo 22: Krishna Intercambia Joyas

En otra ocasión, Krishna estaba sentado jugando en el umbral de la puerta mientras su madre terminaba sus tareas. Una mujer pasó cerca de su casa vendiendo fruta grande y deliciosa.

— ¡Tamarindos, carambolas, manos de Buda! ¡A la rica fruta! — gritaba.

El pequeño Krishna miró su cesta con deseo. Vio lanzones maduros y se imaginó su sabor dulce y amargo. Vio mangostanes violetas y dulces caquis, y tuvo hambre de comer el picante jobo indio.

"Ah", pensó, "si tan solo pudiera probar la *karonda* rosada o el brillante bilimbí. Se me hace la boca agua con solo pensar en probarlos".

Krishna tomó un puñado de grano para poderlo intercambiar y corrió alegremente hacia la calle. Sin embargo, el grano se le escurrió de entre sus pequeños dedos tan pronto como echó a correr, y cuando llegó al cesto de las frutas, todo su grano había desaparecido. Los pequeños ojos de Krishna se llenaron de lágrimas y su labio tembló, ya que no tenía nada que intercambiar por la fruta. La vendedora vio su pena y tomó su pequeña mano en la suya.

— ¡Hermoso niño! —dijo. —Puedes tomar tantas frutas como gustes. Mira las *targolas* maduras. Caben perfectamente en el hueco de tu mano.

—Pero no tengo nada con lo que comprar la fruta —dijo Krishna entristecido, mostrando sus manos vacías.

La mujer sonrió.

—Lo que sea que haya en tu mano está bien para mí. Acepto tu oferta y te pido que tomes lo que te guste.

Entonces, la mujer generosa le dio a Krishna la fruta que su corazón deseaba, y él se alegró con las oscuras bayas de *phalsa* y los *mimusops* dorados. Le dio las gracias y la abrazó por el cuello antes de volver dando saltos a su porche delantero. Ella sonrió y continuó su camino.

Sin embargo, no se había ido muy lejos cuando metió la mano en su cesta para tomar más fruta y sus dedos se chocaron contra unas piedras duras. Asombrada, tomó lo que había en su cesta y sacó rubíes, esmeraldas, diamantes y perlas. La mujer se quedó sin aliento y escarbó más al fondo de la cesta, que estaba llena de zafiros engastados en plata y de jade engastado en oro.

La mujer cayó de rodillas y ofreció sus respetos a Visnú por enviarle un regalo tan generoso. Durante todo el proceso, Krishna sonrió, disfrutando de su fruta en el umbral de la puerta.

Así fue recompensada la mujer por su generosidad para con Krishna y su devoción hacia Visnú.

Capítulo 23: Krishna se Traga las Llamas

Cuando Krishna se hizo mayor, su madre le confió el cuidado de sus vacas mientras pastaban en la jungla. Sus amigos y él guiaban los rebaños por la espesura de los árboles y la maleza, y más tarde, jugaban mientras las vacas pacían.

Krishna y sus amigos jugaron al *vish amrit* y al *langdi*, pero el *lagori*, el juego de las piedras amontonadas, era su favorito. Krishna colocó las piedras en un montón y les dio la pelota a sus amigos, los cuales la lanzaron y tiraron las piedras al suelo. Krishna corrió hacia el montón, amontonándolas de nuevo mientras trataban de golpearlas con la pelota. Era muy rápido, y pronto, todos ellos se estaban riendo.

Mientras tanto, el la linde del bosque, un campesino se durmió mientras cuidaba el fuego con el que estaba cocinando. El fuego creció y se extendió hacia los árboles, carbonizándolo todo a su paso. Los amigos de Krishna no vieron el incendio avanzar hacia ellos.

—Dale de nuevo —gritaban. — ¡Echa las rocas abajo!

Al final, el incendio se aproximó a ellos, y las vacas, asustadas, salieron corriendo en estampida. Los amigos de Krishna se tiraron al suelo de bruces y lloraron.

— ¡El incendio está aquí! —gritaban. — ¡Sálvanos, Krishna! ¡Sálvanos!

En ese momento, Krishna levantó la vista del juego por primera vez y vio las llamas ardiendo, a sus amigos lamentándose y a las vacas corriendo en estampida. Les respondió a sus amigos con tranquilidad.

—Cerrad los ojos —les ordenó, —y os salvaré.

— ¿Cómo? —dijeron sus amigos. — ¿Qué quieres decir?

— ¡Cerrad los ojos y no los abráis de nuevo hasta que yo os lo diga! —dijo Krishna.

Los amigos de Krishna cerraron los ojos y se cubrieron la cara con las manos, lloriqueando. Krishna tomó aliento con tanta fuerza como el mar y se tragó todo el incendio. Se tragó el incendio que danzaba sobre los árboles. Se tragó el incendio que se escapaba oculto entre la hierba. Se tragó el incendio que aterrorizaba a las vacas. Cuando ya no quedaba ni la más pequeña llamita del incendio, Krishna les pidió a sus amigos que abrieran los ojos.

—Levantaos, —les dijo. —Abrid los ojos.

Sus amigos se levantaron y observaron el claro del bosque. El fuego había desaparecido, y las vacas estaban a salvo. Hasta la brisa había dejado de oler a humo.

— ¡Gloria a Visnú! —gritaron. — ¡Honor a Krishna y a su poderoso aliento!

Acto seguido, Krishna y sus amigos juntaron sus vacas y volvieron a casa sanos y salvos.

De este modo, Krishna salvó a sus amigos y se tragó el fuego que los amenazaba.

Capítulo 24: Agni Extiende una Maldición

El sabio Bhirgu maldijo a Agni en nombre de su esposa. Asustado, Agni huyó y se escondió de Dioses y hombres. Muy pronto, los Dioses organizaron una partida de búsqueda para encontrarle. Agni saltó adentro del océano y se escondió bajo las olas.

"Nunca me encontrarán aquí", pensó. "Las olas son demasiado profundas, e incluso mis llamas se apagan en este lugar".

Sin embargo, su fuego ardía con más calor del que había imaginado, y pronto, los peces huyeron y las ballenas aullaron de incomodidad. Las ranas se dirigieron a los Dioses y les solicitaron su ayuda:

—Sacad a Agni del océano, ya que nos está cociendo con su calor.

Los Dioses fueron a sacar a Agni, pero este huyó, maldiciendo a las ranas mientras se marchaba.

—Puesto que me habéis delatado, perderéis vuestro sentido del gusto —dijo. —Eso les enseñará a vuestras lenguas a quedarse quietas.

Acto seguido, Agni esquivó a los Dioses y halló refugio en un baniano. Su espesa copa le ocultaba del cielo, y las raíces retorcidas y las ramas colgantes lo ocultaban de la vista.

—Ah —pensó Agni. —No podrán encontrarme aquí. Las ramas son muy tupidas, y las raíces se hunden bien profundo.

Sin embargo, un elefante que pasaba por allí se acercó al baniano para obtener alimento y se quemó la trompa.

— ¡Ay! —gritó. — ¡Este baniano está ardiendo!

Entonces, el elefante se dirigió a los Dioses y les contó sobre el baniano y su trompa quemada.

—Sacad a Agni del baniano —dijo el elefante, —porque me quema y me voy a morir de hambre.

Los Dioses se acercaron para sacar a Agni de allí, pero él se escapó, maldiciendo al elefante mientras se marchaba:

—Puesto que me has delatado, tendrás una lengua corta. Eso te enseñará a contar historias que no son sobre ti.

Acto seguido, Agni se posó en un árbol *shami*, pensando que tal vez sus llamas podrían parecerse a sus racimos florales encarnados y que le podrían mantener oculto. Sin embargo, un ave pita multicolor lo vio allí, y pensó que le estaba arrebatando su lugar de descanso favorito.

—Agni se posa en el árbol *shami* —trinó. —Agni me roba mi rama favorita.

El ave pita se fue volando hacia los Dioses y les contó dónde estaba escondido Agni.

—Sacad a Agni del árbol *shami* —les pidió, —porque estoy muy cansado y necesito un lugar donde reposar.

Los Dioses se acercaron a recoger a Agni, pero este escapó, maldiciendo al ave pita mientras se marchaba.

—Puesto que me has delatado, tendrás una lengua con una cara interior maldita —dijo. —Eso te enseñará a no moverla demasiado.

Las ranas, el elefante y el ave pita estaban humillados por las maldiciones, y armaron un guirigay en la tierra. Los Dioses escucharon sus problemas y bendijeron a cada uno de acuerdo a sus problemas.

Aunque las ranas ya no podían saborear su camino como lo hacía la serpiente, podían moverse grácilmente, incluso en la oscuridad.

Aunque la lengua del elefante era corta, podía comer todo lo que quisiera y perder su miedo de morirse de hambre.

Aunque la lengua del ave pita se curvaba hacia adentro, podía cantar y gorjear tanto como quisiera. Su don del canto se extendió a otras aves, las cuales nunca se olvidaron de las maldiciones de Agni ni de los regalos de los Dioses.

Y así fue como los animales encontraron a Agni y este les causó estos problemas.

Capítulo 25: Vayu Humilla al Árbol del Algodón

Las montañas del Himalaya se alzan hacia el cielo como recordatorio de la ascensión del hombre hacia el *Trimurti*. Sobre las faldas de estas montañas crecía el árbol del algodón, y sus flores embellecían el horizonte. Año tras año, crecía más y más, extendiendo sus ramas aún más alto hacia el cielo. El árbol estaba feliz cumpliendo su misión y brindando flores a todo aquel que pasara por su lado.

Un día, Narada, el cuentacuentos, pasó por allí con el tintineo de su *khartal*. Se sentó bajo el árbol del algodón a descansar y a tocar su instrumento. El ritmo de su tambor complació al árbol, y se quedó muy quieto para escuchar cada nota y cadencia de su música.

—Qué bien tocas —dijo el árbol. —Sin lugar a dudas, eres el maestro del Mahathi.

Narada sonrió y le hizo una reverencia.

—Gracias. He trabajado muchos años para dominar sus técnicas.

El árbol guardó silencio, preguntándose si también él podría dominar algo y obtener gloria en el mundo, tal y como había hecho Narada. No podía viajar a los *lokas*, los reinos ocultos, pero con toda certeza podía dominar la suave pendiente sobre la que se encontraba.

Mientras tanto, Narada recostó su cabeza sobre las raíces y admiró el árbol, mirando hacia sus firmes ramas.

—Qué grande te has hecho, árbol del algodón —le dijo. —Tus ramas se extienden hacia el cielo y son firmes y fuertes. Ni siquiera una tormenta podría agitarlas.

—Ah —dijo el árbol, pensando con rapidez, —crezco fuerte y firme porque la tormenta está a mi servicio. No se atreve a soplar sobre su amo.

Narada levantó sus cejas, pero no dijo nada. Le dio las gracias al árbol por su sombra y continuó su camino. Más tarde, se encontró con Vayu, el Dios del viento y las tormentas.

— ¡Hola, Vayu! —dijo. —Sé que te gustan las buenas historias. No te vas a creer lo que he oído decir al árbol del algodón.

—Dime, Narada —se rió Vayu, —pues tus historias son más entretenidas que las hojas que bailan en la brisa.

Narada procedió a contarle a Vayu lo que había dicho el árbol del algodón, que era el amo de la tormenta, y que, por lo tanto, siempre conservaba sus hojas porque el viento no podía agitar sus ramas. El rostro de Vayu se puso hosco.

— ¿Cómo, el árbol del algodón se cree que es así de poderoso? —preguntó. —Le voy a enseñar en un momento cuál es la verdad.

Entonces, Vayu voló al Himalaya y se encaró con el árbol, alborotando sus hojas con su aliento.

—Escúchame, árbol del algodón: no eres el amo de la tormenta. Dijiste eso para fanfarronear, pero la brisa no hace caso a tus órdenes.

El orgulloso árbol se negó a reconocer su error y ninguneó a Vayu. Esto solo enfadó aún más a Vayu. Este agitó las ramas del árbol.

—Escucha, árbol del algodón: no te arranco de un soplido por respeto a Brahma. Cuando este creó el mundo, se paró a descansar en una de tus ramas. Es su divinidad y no tu maestría a lo que honro.

Aun así, el árbol seguía manteniendo la calma. El rostro de Vayu se enturbió y se transformó en una gran tormenta. Los vientos azotaron la pendiente y despojaron al árbol del algodón de sus hojas y flores. El árbol suspiró al ver sus hojas esparcidas por sus raíces, pero no podía volverlas a colocar en sus lugares.

Este fue el castigo que recibió el árbol por su arrogancia, y así perdió sus hojas como cualquier otro árbol.

Capítulo 26: Savitri Elige Esposo

Había una vez en el Reino de Madra un rey que anhelaba tener un hijo. Él y su consorte, Malavi, rezaban y rezaban para pedir un heredero que continuara su linaje. Al final, se les envió una hija, y la llamaron Savitri.

Savitri creció y se hizo hermosa y pura. Su pelo caía como el fluir del río Ganges, y sus ojos de loto sonreían a todo lo que miraba. De hecho, cuando le llegó la hora de casarse, nadie pidió su mano, ya que era demasiado bella y pura para cualquier pretendiente de su tierra. Su padre la llamó ante su presencia.

—Hija mía —dijo el Rey Ashuapati, —ya que aquí nadie pide tu mano, debes buscarte a tu marido tú misma. Encuentra al hijo de un rey, tal y como es mi deseo; y tal y como es el tuyo, busca a un hombre de noble corazón.

— Gracias, Padre —contestó Savitri. —Viajaré y buscaré el mejor esposo que pueda.

Savitri se marchó del palacio de su padre. Dejó atrás su oro, sus joyas y sus hermosos saris de seda, y tomó un petate de ermitaño lleno de los materiales necesarios para su viaje. Caminó muchas millas en busca de un esposo que cumpliera los requisitos de su padre. Tras muchos días de viaje, se encontró con un hombre ciego en un bosque, hurgando cerca de las raíces de los árboles para buscar comida.

—Ten, buen ermitaño —dijo ella, ofreciéndole algo de fruta. —Toma un poco de comida de mi petate; así no me entristecerá tu hambre.

El ermitaño asintió con gratitud y aceptó la comida.

— ¿Y de quién es la voz y la mano hermosas de las que recibo un regalo tan generoso? —preguntó mientras devoraba su alimento.

—Soy Savitri —contestó, —hija de Ashuapati y Malavi.

— ¿La princesa? —dijo el ciego. — ¡Ah, qué desdicha que esté ciego! He oído que te describen como una gran belleza de mente y corazón abiertos. ¿Te podrías describir a ti misma para mí?

Savitri intentó hacerlo, pero no le pudo dar al ermitaño una descripción clara de sí misma. Él sonrió y llamó a su hijo, Satyavan.

—Hijo mío —dijo el ermitaño, — ¿puedes describir a la princesa Savitri para mí?

Satyavan observe a la princesa, y su corazón suspiró por ella al instante. Sin embargo, se contuvo y respondió:

—Oh, mi Padre, es hermosa como el sol naciente. Sus ojos brillan como las estrellas en el cielo nocturno, y su rostro mira de frente a la cadencia del *Dharma*. Su cabello cae como las aguas del río sagrado, y la curva de sus labios demuestra paz y verdad.

En ese momento, el corazón de Savitri se agitó en su pecho, y miró a Satyavan con buenos ojos.

"Oh", pensó, "si pudiera satisfacer a mi padre y a mí misma a la vez. El corazón de Satyavan conoce el camino del *Dharma*, y su alma está abierta a la verdad".

Entonces, Savitri suspiró y se despidió del ermitaño.

—Gracias por la conversación —dijo mirando a Satyavan, —pero debo continuar con mi misión.

— ¿Tu misión? —preguntó el ermitaño. — ¿De qué se trata? ¿Y podemos ayudarte?

El corazón de Savitri deseó a Satyavan todavía más, y suspiró de nuevo:

—Busco un marido noble, tanto de nacimiento como de corazón, ya que nadie tiene el valor de cortejarme en mi propia tierra.

—Princesa —dijo el ermitaño, haciendo una profunda reverencia, — mira a mi hijo Satyavan con buenos ojos. Es noble tanto de nacimiento como de corazón, ya que soy el Rey Dyumatsena del Reino de Salwa. Me arrebataron la vista y el reino, y acabé aquí en el bosque, convertido en ermitaño. Bendice a mi hijo Satyavan, y acepta ser su esposa.

Entonces, la princesa Savitri sonrió, y el brillo de su alegría rivalizó con el de la luz del sol. El Rey Dyumatsena colocó la mano de ella en la de Satyavan, y su corazón se vinculó con el de él.

Y así fue como la princesa Savitri se prometió con Satyavan, hijo del Rey Dyumatsena.

Capítulo 27: La Fidelidad de Savitri

Cuando Savitri regresó a la corte de su padre, se encontró con los colores del duelo colgando cerca de la puerta, y a Narada, el cuentacuentos y mensajero de Visnú, en plena audiencia.

Ella hizo una profunda reverencia a su padre y a Narada, y llena de júbilo, les contó que había elegido casarse con Satyavan. En ese momento, el rostro de Narada se puso serio, y depositó su tambor sobre el suelo.

—Princesa —le dijo, —has tomado una mala decisión. Ciertamente, Satyavan es noble, tanto de nacimiento como de corazón, pero su destino ya está prefijado. Morirá de aquí a un año, y te quedarás sin esposo, tal y como estabas antes.

— ¡Hija mía! — dijo el rey Ashuapati. —Por favor, escoge a otro y líbrate de semejante agravio.

La princesa Savitri mostró su determinación:

—Escogeré un marido, pero solamente una vez; y he escogido a Satyavan.

—Que así sea —dijo Narada, asintiendo en señal de aprobación.

El Rey Ashuapati estaba consternado, pero le concedió a Savitri su deseo. Ella y Satyavan hicieron el *saptapadi* y pronunciaron sus votos en presencia del fuego sagrado, y su matrimonio comenzó en paz. Savitri dejó atrás las riquezas de su infancia y adoptó el aspecto de un ermitaño, viviendo en paz con Satyavan en el bosque.

Transcurrió un año. Cada día le pareció a Savitri como un suspiro; así de profundo era su amor hacia su esposo. Sin embargo, al final llegó el día en el que estaba predicho que Satyavan muriera. Savitri pidió permiso para acompañarlo al bosque, y ambos entraron en él con tristeza en sus corazones.

—Aunque voy a morir —dijo Satyavan tomando su hacha, —voy a dejarte con la leña suficiente como para mantener caliente nuestro hogar.

Savitri besó su mano y le dejó trabajar. Tras un rato, el rostro de Satyavan se puso pálido y fatigado, y colocó su cabeza en el regazo de Savitri. Ella le mojó con sus lágrimas, al tiempo que su corazón se ahogaba en su pecho.

De entre los árboles surgió el mismísimo Yama, el Dios de los muertos, enviado para recoger el alma de Satyavan. Yama arrancó el alma de Satyavan y se adentró de vuelta en el bosque, y los árboles se inclinaron para abrirle paso. Savitri le siguió entristecida, siguiendo el rastro de Yama y el alma de Satyavan. Tras un tiempo, Yama se dio cuenta de que Savitri se encontraba detrás de él.

—Princesa, —le dijo —date la vuelta y toma a otro esposo, pues el destino de Satyavan es morir en el día de hoy.

—No puedo volver —dijo Savitri. —Obedezco al Dharma, el cual decreta guardar estrictamente fidelidad, obediencia y amistad. No tengo miedo de seguir el camino de un gobernante justo, como lo eres tú, el Rey del Dharma. De ti puedo esperar la verdad y nobleza de mente y de conducta.

Yama se sorprendió de escuchar tal sabiduría, pero aun así, trató de disuadirla.

—Esta senda no es para ti —dijo. —El destino de Satyavan es morir en el día de hoy.

—No me daré la vuelta —dijo Savitri, y repitió sus palabras tal y como las había dicho antes.

—Toma, pues, cualquier bendición —dijo Yama, y añadió rápidamente —salvo la vida de Satyavan.

—Solo tengo tres deseos, Gran Yama —dijo Savitri. —En primer lugar, devuélvele la vista y el reino a Dyumatsena, ya que él vive observando el Dharma. En segundo lugar, concédele cien hijos a mi padre, para que continúen su nombre y su linaje. Y en tercer lugar, concédeme a mí y a mi esposo, Satyavan, cien hijos, para así recibir una compensación por su pérdida.

Yama estaba en un compromiso, pues ¿cómo podría concederle esta bendición sin devolverle la vida a Satyavan?

—Muy bien —dijo. —Ya que la pediste desde la sabiduría y la fidelidad, te concederé esta bendición.

En ese momento, Yama le devolvió su alma a Satyavan y honró a Savitri por su valor y dedicación. Cuando Satyavan se despertó, Savitri le acunó en sus brazos, y le contó toda la historia. Sus lágrimas se mezclaron, y le ofrecieron un *tapasiá* tanto a Brahma como a Visnú.

Así fue como Savitri salvó a su marido gracias a su fidelidad y sabiduría mediante una petición a Yama, el Dios de los muertos.

Capítulo 28: Chitragupta Toma Nota

El Señor Brahma, el creador, fue un día a visitar a Yama, el Dios de los muertos. El Señor Brahma pasó junto a los perros que vigilaban el camino, y sus cabezas se inclinaron para rendirle homenaje. Pasó al lado del búfalo, que estaba atado en su pradera, sobre el que Yama cabalgaba por la Tierra. A poca distancia, pasó junto a una fila de almas que esperaban.

– ¿A qué estáis esperando, almas de los hombres? –preguntó el Señor Brahma.

–Al juicio de Yama –le respondieron.

El Señor Brahma siguió con su camino. Se encontró con más almas, altas y bajas, flacas y robustas.

– ¿A qué estáis esperando, almas de los hombres? –les preguntó.

–Al juicio de Yama –le respondieron.

El Señor Brahma caminó más rápido hasta llegar al lugar donde Yama emitía sus juicios.

–Buenos días, Yama –le dijo. –He venido a hacerte una visita.

–A *Svas* –dijo Yama con una reverencia.

— ¿Qué? —dijo el Señor Brahma, sorprendido.

Yama negó con la cabeza:

—Tú no; las almas. Las envío al *swarga*, al cielo que necesitan. No hay nadie más que los pueda juzgar y asignar un lugar.

—A *Svas* —repitió Yama, y un alma pasó al sendero que le conduciría al reino de Indra.

El Señor Brahma miró la fila de almas humanas que esperaban su juicio. Se extendía más allá de su vista. Yama saludó a la siguiente alma y comenzó a revisar las acciones del alma en cuestión, tanto las buenas como las malas. Yama revisó las acciones del alma, las reverencias que había hecho y los *tapasiás* que había llevado a cabo. Revisó sus pensamientos, sus idas y venidas, y las acciones de cada día de su vida. Al final, la revisión llegó a su fin.

—A *Tharus* —dijo Yama, y se dirigió al alma siguiente.

El Señor Brahma vio las arrugas del cejo de Yama y oyó el murmullo de las almas que esperaban a recibir su juicio.

—Yama, ¿no hay otra forma de juzgar a los muertos? —le preguntó.

—Fui el primer mortal que murió, y por ello, acepté el cargo de gobernar a los muertos —dijo Yama—. ¿Quién más podría ayudarme con mi trabajo?

El Señor Brahma se puso a pensar, y de su pensamiento surgió Chitragupta. Este tomó su pluma y una hoja inmediatamente y comenzó a escribir con mayor rapidez que la de la gacela en el campo.

—Agricultor: sí. Buen padre: sí. No honró a Shiva: no. Ofendió a un *rishi*: no. Recomendado para ir a *Bhuvas*.

—Conforme —dijo Yama; y el alma se puso en camino.

Con la ayuda de Chitragupta, la fila marchó más rápido. Chitragupta analizaba las vidas de los hombres, registrando sus acciones con su pluma y hoja. Cuando llegaba el momento de recomendarlos para ir a uno de los *swargas* o para que regresaran a

Bhumi, la Tierra, Chitragupta tenía listos los resúmenes de cada alma. Sabía si debía mandarlos a lo más profundo del *Naraka* para expiar sus pecados o enviarlos a *Maha*, el *swarga* gobernado por Brahma en persona. Conocía la entrada a *Thaarus* y la fórmula para una buena vida, y las anotaba en sus registros. Yama estuvo complacido y le agradeció al Señor Brahma su ayuda.

Así surgió Chitragupta, el que resume las vidas de los hombres mortales y les hace recomendaciones para el cielo.

Capítulo 29: Ceniza a las Cenizas

Bhasmasura le solicitó a Shiva una bendición. Realizó un *tapasiá* y esperó a Parvati durante muchos años. Ayunó y se sometió a sí mismo a los elementos, y al final, el Señor Shiva escuchó sus oraciones.

— ¿Qué bendición deseas que te otorgue, Bhamasura? —le preguntó.

—Oh, Gran Señor —le respondió Bhamasura, —deseo ser como las cenizas que cubren tu carne sagrada. Concédeme que cualquiera al que yo toque en la cabeza con mis manos se queme hasta convertirse en cenizas, para que así todos puedan ser sagrados, tal y como tú lo eres.

—Que así sea —dijo Shiva.

En ese momento, los ojos de Bhamasura centellearon de astucia.

—Entonces ven, gran Señor —dijo, —y transfórmate en cenizas; pues solo cuando tú ya no estés podré poseer a tu esposa, Parvati, y adorarla con tanta pasión como lo llevo deseando.

Acto seguido, Bhamasura persiguió a Shiva tratando de tocarlo con sus manos. Shiva corrió atravesando bosques y desiertos, pero Bhamasura le perseguía sin descanso. Al final, Shiva cayó a los pies de Visnú y le rogó que le ayudara.

—El demonio Bhamasura anda buscando mi vida y a mi esposa —exclamó Shiva. —Está usando mi bendición en contra mía, y me va a transformar en cenizas.

Visnú cambió su forma a la de Mohini, la hermosa hechicera. Bailó en el camino de Bhamasura, haciendo que la atención del demonio dejara de centrarse en Shiva.

—Cásate conmigo, Mohini —dijo Bhamasura, hipnotizado con su baile. —Mi corazón y mi mano suspiran por ti.

—No me casaré con nadie, salvo con el hombre al que le guste bailar tanto como a mí —dijo Mohini, riéndose. — ¿Puedes imitar mis movimientos y demostrarme que eres un marido digno de mí?

Bhamasura, cegado por el deseo, aceptó. Cuando Mohini hacía piruetas, él también. Siguió su *bharatanatyam* y se bamboleó haciendo los símbolos del *odissi*. Bailaron durante varios días hasta que Bhamasura dejó de sospechar y solo pensaba en la hermosa Mohini y en ganarla como su esposa. Al final, Mohini hizo una pirueta para concluir su baile, colocando su mano sobre su cabeza. Tras bailar durante tanto tiempo, Bhamasura se olvidó de la bendición de Shiva y colocó su propia mano sobre su cabeza.

¡Puf! Bhamasura se convirtió en ceniza.

Y así, Shiva se salvó gracias a la ayuda de Visnú, y aprendió a tener más cuidado con sus dones.

Vea más libros escritos por Matt Clayton

MITOLOGÍA SUMERIA

MITOS FASCINANTES DE LOS DIOSES, DIOSAS Y CRIATURAS LEGENDARIAS DE LA ANTIGUA SUMERIA Y SU IMPORTANCIA PARA LOS SUMERIOS

MATT CLAYTON

Bibliografía

Chatterjee, Debjani. *The Elephant-Headed God and Other Hindu Tales.* Oxford University Press, 1992.

Doniger O'Flaherty, Wendy. *Hindu Myths: A Sourcebook Translated from Sanskrit.* Penguin Books, 1994.

Dowson, John. *A Classical Dictionary of Hindu Mythology and Religion, Geography, History, and Culture.* DK Printworld, 2014.

Egenes, Linda and Kumunda Reddy. *The Ramayana: A New Retelling of Valmiki's Ancient Epic—Complete and Comprehensive.* TarcherPerigree, 2016.

Mathur, Suresh Narain and B.K. Chaturvedi. *The Diamond Book of Hindu Gods and Goddesses: Their Hierarchy and Other Holy Things.* Diamond Pocket Books, 2005.

Murray, Alexander S. *The Manual of Mythology: Greek and Roman, Norse and Old German, Hindoo and Egyptian Mythology.* Newcastle Publishing, 1993.

Patel, Sanjay. *Ramayana: Divine Loophole.* Chronicle Books, 2010.

www.ingramcontent.com/pod-product-compliance
Lightning Source LLC
Chambersburg PA
CBHW030114240426
43673CB00002B/76